U0656009

出口贸易对经济增长的影响

——基于附加值出口的视角

江 强 著

中国海洋大学出版社

·青岛·

图书在版编目（CIP）数据

出口贸易对经济增长的影响：基于附加值出口的视角／江强著. -- 青岛：中国海洋大学出版社，2021.4
　ISBN 978-7-5670-2721-3

　Ⅰ.①出… Ⅱ.①江… Ⅲ.①出口贸易-影响-经济增长-研究 Ⅳ.①F061.2

　中国版本图书馆 CIP 数据核字（2021）第 005703 号

出版发行	中国海洋大学出版社		
社　　址	青岛市香港东路 23 号	**邮政编码**	266071
出 版 人	杨立敏		
网　　址	http://pub.ouc.edu.cn		
电子邮箱	502169838@qq.com		
订购电话	0532-82032573（传真）		
责任编辑	由元春	**电　　话**	15092283771
印　　刷	北京虎彩文化传播有限公司		
版　　次	2021 年 4 月第 1 版		
印　　次	2021 年 4 月第 1 次印刷		
成品尺寸	170 mm × 240 mm		
印　　张	10.25		
字　　数	237 千		
印　　数	1~1000		
定　　价	39.00 元		

若发现印装质量问题，请致电 010-84720900，由印刷厂负责调换。

前言

本书是建立在附加值出口基础上出口对经济增长影响的研究。首先将 WIOD 数据库公布的两套历年世界非竞争性投入产出表合成统一口径，在此基础上核算了 1995—2014 年各经济体总量层面、产业层面以及双边层面的出口附加值，并创新性地构造了中间商品出口附加值的核算方法，以此作为本书实证分析的主要数据基础。其次根据各经济体出口贸易与经济增长的现状，从 WIOD 数据库 41 个经济体中选取四类样本经济体，分别对其出口对经济增长的影响进行研究，以期反映出口对经济增长影响的异质性，对比总结出一般性结论。四类样本经济体分别为陷入"中等收入陷阱"的经济体、发达经济体、代表新兴经济体的韩国、代表金砖国家与发展中国家的中国。本书的研究视角分别基于古典经济增长理论与新经济增长理论，具体分析出口对 GDP 与 TFP 的影响，同时为了反映出口贸易质量，进一步研究不同产业出口与不同目的地出口对 TFP 的影响。在核算各经济体历年 TFP 时，在考虑劳动与资本两要素投入的基础上，进一步加入自然资源禀赋投入量，以规避部分经济体因自然资源丰裕而高估 TFP 的现象。具体研究结论如下。

陷入"中等收入陷阱"的经济体，其出口贸易显著促进了本国 GDP 的提高，但对 TFP 的正向作用有限，说明该类经济体出口有效带动了国内需求，短期经济增长更受益。进一步研究不同产业出口附加值占比对技术进步的影响，中等收入经济体技术水平有限，基于技术溢出与扩散以及逆向研发的视角，中高技术工业部门的出口最有利于本国技术进步。对不同地区出口附加值占比与 TFP 之间关系展开研究，结果表明输出到发展中国家的高技术含量中间品促进了该类经济体的技术进步，由于全球价值链已经将发展中经济体作为最优的生产区位，因此要更加重视对发展中经济体的出口。

出口带动了发达经济体 GDP 的增长，而代表长期经济增长的 TFP，更受益于出口附加值的提高，而且系数远大于前者。因此发达经济体出口对经济增长的影响更立足于新经济增长理论的视角，这进一步解释了发达国家出口占比不高但经济增长持续的原因。具体到不同产业部门出口贸易附加值占比对 TFP 的影响：由于发达经济体处于技术领先国的地位，只有内含技术水平更高的产业部门出口才有利于其技术进步。进一步对不同出口市场附加值占比对 TFP 影响进行研究：由于其出口商品主要为参与全球价值链的中间品，目的地主要是发展中国家与金砖国家，因此出口该地区有利于其 TFP 的进步。

基于韩国 1995—2014 年的季度时间序列数据的实证研究，运用协整分析与 ECM 模型发现韩国人均出口贸易附加值每上涨 1%，人均 GDP 将增加 0.16%，而 TFP 将提升 0.28%，类似于发达经济体，出口对韩国经济增长的影响主要立足于新经济增长理论技术进步的视角。具体到各产业出口附加值占比对 TFP 的影响：技术含量越高的产品出口，越有利于韩国的技术进步，这进一步反映了韩国技术领先国的地位。对不同地区出口附加值占比对 TFP 影响进行研究，结果表明：出口发展中国家与金砖经济体贸易附加值占比提升有利于韩国 TFP 的进步。

本书利用中国 1995—2014 年的季度时间序列数据进行计量分析，结果表明：协整关系中，人均出口附加值每增加 1%，人均 GDP 将提升 0.695%，但是 TFP 几乎不受人均出口附加值增长的影响。这进一步引发了笔者对中国出口贸易的担忧，因大量低端生产要素参与国际分工引致的 GDP 增长并不稳定，出口贸易如不能有效促进中国技术进步，则中国经济的长期可持续增长将难以保障。本书进一步对不同产业与不同地区出口附加值占比对TFP的影响展开研究，发现促进技术进步的产业部门主要集中在高技术工业部门与服务业部门，中国高端服务业发展迅速，以金融、保险、电子通信等高端服务业出口异军突起。而在对不同地区出口的研究中发现，仍旧是往全球生产的中心地带出口更能促进其技术进步。

基于古典经济增长理论与新经济增长理论，本书将出口附加值作为出口贸易的真实收益，对四个样本经济体出口对经济增长的影响进行研究，具有以下几点启示：出口附加值作为国内生产的一部分对GDP具有显著的促进作用，而基于新经济增长理论，出口对技术进步的影响所产生的异质性是出口能否促进经济体长期可持续经济增长的关键；不同经济体的技术发展水平差异较大，因此动态意义上各国的技术吸收能力也将不同，不同产业的附加值出口对出口国技术进步的促进效应需要基于东道主国家的技术吸收能力，因此出口贸易政策需要基于国家技术水平调整，以扩大适合本国技术吸收能力而有利于促进本国技术进步产业部门的出口；不同出口目的地对出口国商品的需求具有较大差异，随着跨国公司将生产逐渐转移到成本更低的发展中国家与金砖经济体，融入全球价值链，向发展中国家与金砖经济体出口的中间品更有利于出口国的技术进步。

目 录

第1章 绪论

1.1 问题的提出

经济增长一直是学术界研究的热点话题,自古典经济增长理论到新经济增长理论,再到内生经济增长理论,经济学的研究无不立足于经济增长的内在与外在动力(Solow,1956;Arrow,1962;Romer,1987;Lucas,1988;Grossman & Helpman,1991)。出口贸易将各个国家与地区逐渐纳入全球经济共享范畴中,实现了生产的全球化与商品消费的多元化,因此出口为促进经济增长所承担的角色意义非凡(Mundell,1957)。大规模的贸易拓展首先在北大西洋两岸展开,欧美贸易及西欧各国内部的贸易导致该地区的率先发展。截止到一战前,大西洋两岸地区的经济发展水平已经远远领先于世界平均水平。二战后日本的崛起,以及后续"亚洲四小龙"经济体的赶超,致使经济学家极力推崇"ELG"理论①,中国的崛起进一步印证了出口导向经济发展战略的重要性。因此,出口贸易往往被看作是经济增长非常重要的贡献因子。

但是当今世界经济的表现改变了过去对出口贸易的看法,出口贸易对经济增长的影响不再与过去传统的国际贸易理论吻合。以停留在中等收入阶段的东南亚与拉丁美洲国家为例,该类经济体出口贸易不断扩张的同时经济增长却十分缓慢;而发达经济体出口贸易规模较为稳定的同时,其经济增长表现仍较为乐观。图1.1为5个东南亚与拉丁美洲经济体1995—2014年出口贸易占GDP

---

① "ELG"(Export-led Growth)假说,即出口导向型经济增长。通过利用国外市场,结合本国生产要素比较优势,利用国外需求以刺激本国经济增长的发展战略。"ELG"假说一直被古典经济学派所推崇,被认为是非常有效的经济增长方式,古典经济学家将"亚洲四小龙"的崛起归因于出口导向经济发展战略的实施。

的比重，同时期 5 个经济体人均 GDP 的变化趋势如图 1.2 中展示①。马来西亚出口贸易占 GDP 比重已经超过 100%，泰国出口贸易占 GDP 比重大体稳定在 60% 的水平，印度尼西亚的出口贸易也超过 30%，虽然巴西与阿根廷出口贸易占 GDP 比重一直不高，但也接近英国的水平。而上述 5 个经济体的人均 GDP 却远远低于发达国家水平，并且陷入了"中等收入陷阱"不能自拔，显然这 5 个国家背离了"ELG"假说，该类经济体高比重的出口贸易并不意味着出口的高质量，虽然该类经济体已经深度参与国际生产体系中，但是从出口中并没有获得多少收益。尤其是近二十年来，这些国家与地区的出口贸易与经济增长的表现越来越背离日本与"亚洲四小龙"的经验。世界经济一体化将开放经济体纳入全球贸易体系中之后，陷入"中等收入陷阱"的经济体表现得并没有如"ELG"假说那样华丽。有关经济学家对此假说做出了批评，对于贫穷的发展中国家，出口并非一定能促进经济增长，尤其是长期的经济增长，因为发展中国家往往成为发达国家原材料、资源、能源的提供地（Cairncross，1961；Ghatak & Price，1997）。然而动态视角下，部分经济体也依靠外向型经济发展战略并促使其经济实现腾飞。"亚洲四小龙"经济体是依靠外向型经济发展战略实现经济腾飞的典范，其出口贸易对经济增长的积极作用已经得到学术界的共识。"亚洲四小龙"经济体出口贸易对经济增长的作用明显区别于陷入"中等收入陷阱"的经济体出口贸易对经济增长的意义。为什么部分国家出口越来越多的同时，经济增长却停滞不前，而另一些国家出口贸易占比较低的同时，其经济增长表现仍然较为乐观？中等收入经济体、"亚洲四小龙"经济体、发达经济体出口与经济增长的不同表现使基于古典贸易理论的"ELG"假说开始呈现有条件的成立，过去的逻辑框架需要在新的事实中予以修正，拉丁美洲与东南亚经济体的出口贸易显然不能与西方发达国家出口贸易所扮演的角色相比，动态视角下更不能与"亚洲四小龙"经济体相比。理论与事实的背离进一步表征着过去研究的缺陷，因此需要基于更深层次来重新关注出口贸易对经济增长的影响。

---

① 5 个经济体分别为马来西亚、泰国、印度尼西亚 3 个东南亚国家与阿根廷、巴西 2 个拉丁美洲国家。

出口贸易占 GDP 比重

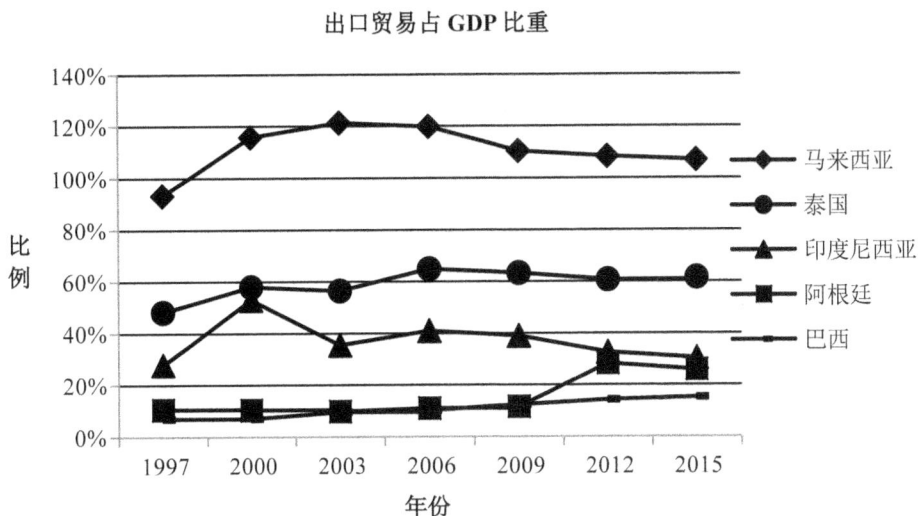

图 1.1　中等收入经济体出口占 GDP 比重

人均GDP变化趋势

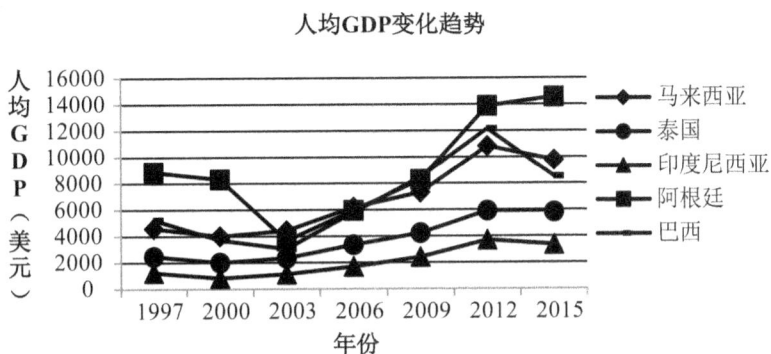

图 1.2　中等收入经济体历年人均 GDP

随着国际分工体系的进一步细化以及跨国公司对全球资源的优化配置，出口商品中最终商品比重不断下降，中间品的进出口在贸易中的比重不断上升。而相伴随的是出口贸易由产业内贸易进入产品内贸易阶段，出口商品的附加价值开始大量包含进口国外中间商品的价值，而最终商品的出口已经不能代表出口国从出口中获得的真实收益。过去的研究框架主要基于出口最终商品价值衡量出口贸易的真实收益，因此对于加工贸易占比较高的经济体，出口贸易对经济增长的研究结论将失真，所以本书将基于出口附加值研究其对经济增长的影响。除此以外，过去对出口作用的分析主要基于古典经济增长理论，出口拉动需求进而影响经济增长表现为一种短期经济增长。而根据新经济增长理论的结论，长期经济增长表现为经济体的技术进步，因此研究出口对长期可持续经济增长的影响需要研究出口对技术进步的影响，这或许是发达经济体与陷入"中等收入陷阱"的经济体出口贸易对经济增长影响机制的最大区别。所以本书除利用出口附加值研究其对经济短期需求的影响之外，还进一步研究出口附加值对技术进步的影响。除了进行出口附加值总量层面的研究，基于内生经济增长理论，本书还进一步探究了不同产业出口附加值占比与不同出口目的地附加值占比对技术进步的影响，以获取出口附加值对技术进步影响更翔实的信息。为了克服出口贸易与经济增长之间的内生性问题，本书选取具有代表性的地理特征作为工具变量，采用两阶段最小二乘法与系统 GMM 估计方法进行参数估计。根据出口贸易对经济增长影响的现实区别，本书选取发达经济体作为第一个研究样本，以探究出口贸易对经济增长影响的成功原因；基于对比视角，将陷入"中等收入陷阱"的经济体作为第二个研究样本，探究出口外向型经济增长失败的原因；动态视角下，"亚洲四小龙"经济体是利用外向型经济发展战略实现经济腾飞的典范，韩国作为"亚洲四小龙"经济体中最大的经济体，在缺失资源与优势地理区位条件的背景下发展起来，最具有研究价值，因此将韩国作为第三个研究样本，探究韩国出口贸易促进经济增长成功的动态原因；中国作为世界上最大发展中大国，同时代表金砖经济体，将中国作为第四个样本，基于产品内贸易研究中国出口贸易对经济增长的影响，将进一步丰富出口贸易对经济增长影响的研究。而中国经历了改革开放 30 多年的快速发展，出口贸易将闲置劳动力、土地等生产要素纳入国际生产体系，通过出口加工贸易实现了经济的快速增长，但出口贸易已经过度透支了中国的生产要素。当前，在人口红利不断消失、环境问题凸显以及能源与矿产资源过度消耗的背景下，中国出口贸易在拉动了 GDP 快速增长的同时，其对内生经济增长中技术进步的影响又将如何？也是值得探讨的问题。

本书通过对发达经济体、陷入"中等收入陷阱"的经济体、韩国、中国四个样本进行研究，选取具有代表性的经济体，希冀完整而全面地反映当今国际生产体系下出口对经济增长的影响，从中发现出口对经济增长影响的深层次机制，这不仅对后进经济体更好地实施外向型经济发展战略能够提供理论支持与政策依据，从更高格局上来看，对实现全球生产的平衡与经济增长的公平也将具有深远意义。

1.2　研究思路与主要内容

过去对"ELG"假说的研究基于产业间贸易与产业内贸易，总量层面的出口数据可以反映经济体的收益。但当今跨国公司主导的跨国联合生产使得产品内分工开始占据主流地位，并且这种分工模式的转变产生了大量的中间品贸易，在国家间的生产与贸易关系深化的同时，总量层面的数据已经不能反映出口贸易与经济增长之间的关系。因此，不能继续简单地采用过去的研究方法去研究当前问题。产品内贸易的客观事实需要用新增价值来代替传统方法统计的总价值，以反映出口国所创造的真实收益，从而揭示一国真实的出口贸易水平（魏浩、王聪，2015）。世界贸易组织总干事曾在一份研究报告中也建议，全球贸易核算应转向增加值贸易，以更好地反映全球贸易格局以及各国的真实贸易水平。所以考察出口贸易对经济增长的影响需要基于出口商品中本国的价值增加来研究其对经济增长的影响。本书的研究基于出口贸易附加值的核算数据，找到可以代表出口国真实收益的数据，在此基础上展开理论与实证研究，具体研究内容如下。

基于产品内贸易的发展现状，本书首先介绍了测算出口贸易本国价值增加的方法，包含测算出口国的出口贸易附加值，分为产业层面、双边层面与总量层面数据，并创新性地构造了核算中间商品出口价值增加的方法。其中具体的数据基于 1995—2014 年世界非竞争性投入产出表，通过计算机 Python 语言运行矩阵运算实现结果。在此基础上从 WOID 数据库中选取四类经济体，分别代表发达经济体、陷入"中等收入陷阱"的经济体、新兴经济体、金砖经济体，以考察产品内贸易阶段，这四类经济体出口贸易对经济增长的影响。研究视角基于古典经济增长理论与新经济增长理论，进行多层次多维度实证分析，包括总量出口附加值对人均 GDP 的影响、总量出口附加值对 TFP 的影响、不同行业出口附加值占比对 TFP 的影响、不同出口目的地附加值占比对 TFP 的影响。在此研究基础上，进行对比分析，从而总结产品内贸易阶段出口贸易对经济增长影响的一般性结论与启示。

1.3 研究方法与基本框架

1.3.1 研究方法

本书采用理论分析、计量建模、计算机矩阵运算以及逻辑叙述等研究方法。

（1）理论分析。本书系统阐述了相关学者关于出口对经济增长影响的文献研究，基于古典经济增长理论、新经济增长理论以及内生经济增长理论梳理了出口对经济增长影响的机理机制。

（2）计量建模。在理论分析的基础上，本书运用大量计量分析工具研究不同类型经济体出口对经济增长的影响。实证研究中，利用面板数据普通最小二乘法、随机效应与固定效应模型、处理内生性问题的两阶段最小二乘法以及面板 GMM 方法，时间序列数据的平稳性检验、协整分析以及 ECM 误差修正模型对 1995—2014 年样本经济体进行了实证分析。

（3）计算机矩阵运算。在核算各国历年总量层面、产业层面以及双边层面出口贸易附加值时需要大量的矩阵运算，利用 Python 计算机语言对 WIOD 数据库提供的历年世界非竞争性投入产出表进行矩阵运算，核算了出口贸易附加值。

（4）逻辑叙述。在对不同经济体出口对经济增长的研究中，实证分析之后的逻辑叙述进一步丰富了对本书中心问题的研究证据，同时附以图表以及数据对逻辑述说进行印证。

1.3.2 研究框架

基于古典经济增长理论与新经济增长理论两个维度，研究不同类型经济体出口贸易对经济增长的影响。系统分析了当今经济全球化视角下，出口对经济增长影响在不同经济体产生异质性的原因，构成完整而全面的分析逻辑框架。具体的研究思路以及框架参见图 1.3。

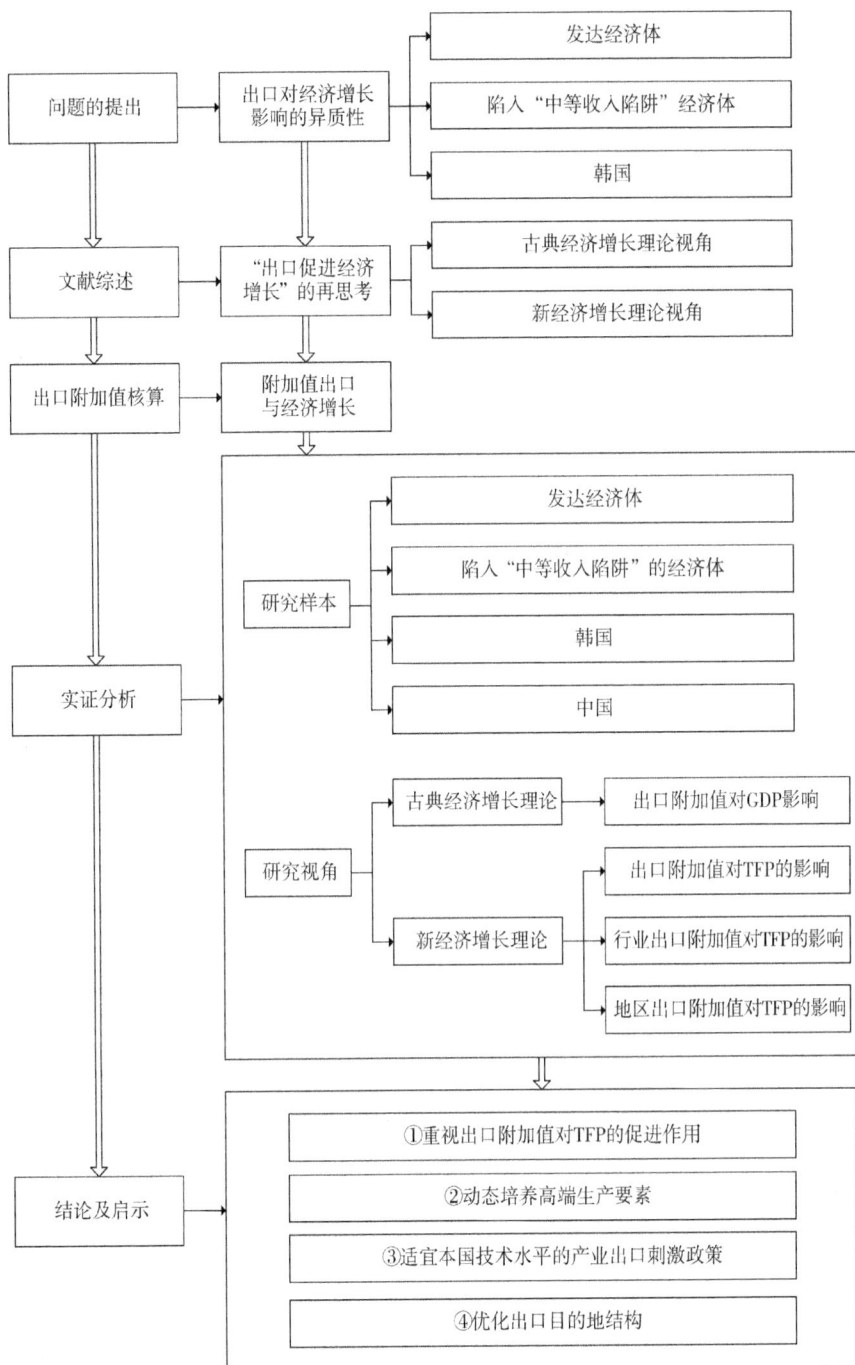

图 1.3 论文逻辑框架图

1.4 本书的创新之处

本书的创新之处在于：

（1）本书的研究视角与前期学者的研究具有不同之处。本书的研究视角立足于产品内分工的现实，用出口附加值代替出口贸易总量，分别从古典经济增长理论—GDP 与新经济增长理论—TFP 两个维度分析不同类型经济体出口对经济增长的影响；研究结论中发现出口对经济增长的影响不能立足于短期需求对 GDP 的带动作用，更多地要立足于出口对 TFP 的促进作用。同时本书的研究结论也发现，由于全球价值链的生产环节已经转移到加工装配成本更低的发展中国家与地区，因此各国参与到全球价值链生产，往发展中国家与地区的出口更有利于本国技术进步的提升。

（2）研究对象与研究内容的创新。产品内贸易阶段，几乎所有国家与地区都已嵌入国际生产体系，但是出口对经济增长的影响出现了很大的异质性。为尽可能研究所有出口对经济增长影响的不同结果，本书选取了四类样本经济体，分别为发达经济体、陷入"中等收入陷阱"的经济体、代表新兴经济体的韩国、代表金砖经济体与发展中经济体的中国。样本经济体基本囊括了出口对经济增长影响的不同结果。过去的研究局限于单个经济体或某一类别、某一地区的样本，很难集中对比出口对经济增长影响的异质性。本书的样本可以进行对比研究，以全面综合反映出口对经济增长影响异质性的深层次原因。

（3）数据方面。在前期学者对出口附加值核算的研究基础上，本书的研究进一步细化了产业层面出口附加值的核算模型；全球价值链生产中，中间商品研究的重要性日益凸显，本书创新性地增加了中间产品出口附加值的核算模型，核算中间产品出口附加值及其不同产业与不同地区的分布，以观察总量附加值背后经济体嵌入国际生产体系的程度，并为解释出口对经济增长的影响提供更深层次的数据支撑；同时，合成了 WIOD 数据库公布的两个版本的世界非竞争性投入产出表，将数据统一到同一层面，样本覆盖 1995—2014 年共 20 年的数据；计算各经济体历年全要素生产率时，在传统生产要素劳动与资本的基础上，增加了自然生产要素禀赋，以避免部分经济体因自然资源丰富而造成对全要素生产率的高估；出口附加值核算工具中，利用计算机 Python 语言运行大量矩阵运算。

第2章 文献综述

经济增长一直是学术界研究的热点话题，自古典经济增长理论到新经济增长理论，再到内生经济增长理论，经济学的研究无不立足于经济增长的内在与外在动力（Harrod，1939；Solow，1956；Arrow，1962；Romer，1986；Lucas，1988；Grossman & Helpman，1991）。在世界经济发展的历史长河中，出口贸易将各个国家与地区逐渐纳入全球经济共享范畴中，各个国家与地区居民互通有无，通过贸易交换实现了商品消费的多元化，因此出口贸易为促进全球经济一体化所承担的角色意义非凡（Mundell，1957）。而出口贸易与经济增长之间的关系已经从理论上与经验上被学术界深入研究，出口贸易作为经济增长的重要影响因素已经成为学术界的共识，并且解释出口对经济增长影响的理论体系一直伴随着贸易现状的发展而更新。虽然经济学家对出口贸易影响经济增长的路径分析众说纷纭，但也主要在经济增长理论衍生出的贸易理论范畴内。

2.1 古典经济增长视角

2.1.1 理论分析综述

最早涉及该话题的经济学家是 Smith，古典经济学中的绝对优势理论从出口贸易的资本积累效应解释了其对经济增长的正效应，出口贸易将通过丰富出口目的国商品消费的种类与数量，使出口国财富获得囤积（Smith，1776）。而基于 Smith 对生产分工与经济增长的逻辑体系，出口贸易通过更大范围内的市场规模与需求促进了出口国内部的生产分工，解除了分工受到国内市场狭小的制约，提升了整体的生产效率。同时，出口商品也将进一步充分利用国内的剩余闲置生产要素，提升生产能力，在换取外汇的同时实现经济体未来购买力的增长。该理论也成为西方资产阶级革命与资产阶级兴起的理论武器，主张扩大出口的新兴资产阶级为实现欧洲从中世纪进入现代工业文明做出了巨大贡献。

而比较优势理论对此的解释是基于节约投入生产要素的视角，其在更高层面上分析了生产率不对称的两个国家进行贸易并相互受益的内在机制。各国通过生产具有比较优势的商品并出口，在换取外汇的同时并进口具有比较劣势的商品。在消费同等数量商品的条件下，降低了贸易国双方的生产要素投入量，释放的生产要素继续投入生产，总产出得到扩张（Ricardo，1817）。上述出口贸易促进经济增长的机制分析主要基于古典贸易理论，而绝对优势理论与比较优势理论构成了古典贸易理论的基础。

在此期间也出现了部分基于古典经济增长理论分析出口对经济增长正效应的学者。20 世纪 30 年代的经济大萧条期间，马克卢普和哈罗德基于凯恩斯的投资乘数理论创造了出口贸易的乘数理论，出口部门的收入在边际消费倾向的作用下，将通过乘数效应产生数倍于初始消费水平的收入效应，促进出口国经济的增长。新古典经济学家 Kavoussi（1984）也认同古典贸易理论中出口贸易对经济增长的影响机制，同时他也建议发展中国家尽早开放国内市场，加快融入全球经济一体化进程中去，以获取经济快速增长的机会。但是 20 世纪的国际贸易格局发展仍然具有非平衡性，拉丁美洲出口的初级商品价格相对发达经济体出口的工业制成品价格逐渐下降，而后续拉丁美洲经济体普遍陷入"中等收入陷阱"的现实导致学术界首次出现了对出口促进经济增长理论的怀疑。阿根廷发展经济学家 Prebisch（1962）认为国际贸易背后的商品交换本质上基于出口国技术实力的对决，整体上有利于工业化国家，不利于以出口初级商品为主的落后经济体，总量贸易背后的不公平集中体现在出口商品的技术含量与价格。以价格衡量的国际市场交易看似是自由的，但是背后的交换却是强势商品对弱势商品的掠夺，落后国家将会陷入"贫困化增长"的陷阱。Prebisch 进一步创新性地提出了"中心—外围"理论，从国际分工格局的视角嵌入出口贸易对经济增长的影响机制，深层次分析了拉丁美洲出口贸易增长而经济增长停滞的原因。

2.1.2　实证分析综述

基于古典贸易理论实证研究出口对经济增长影响的文献如雨后春笋般涌现，主要是利用国家层面的横截面数据、时间序列数据以及面板数据对"ELG"假说进行验证。限于微观统计数据的缺失与计算机编程技术的落后，20 世纪的研究主要对宏观出口贸易总量与经济增长之间的关系展开研究。而建立在产业间贸易与产业内贸易阶段，总量出口贸易数据大体可以代表经济体出口贸易的真实收益。实证研究中对"ELG"假说的验证并没有达成共识，主要研究结果分为三类：一部分文献支持"ELG"假说，另一部分文献没有发现证据支持"ELG"假说，还有部分文献支持有条件的"ELG"假说成立。具体研究文献见表 2.1-2.4 所示。

表 2.1 支持"ELG"假说文献汇总

作者	文献发表时间	样本	结论
Maizels	1963	7 个发达经济体 1899—1959 年制造业出口数据	显著支持"ELG"假说
Kravis	1970	37 个非产油国 1950—1963 年的面板数据	支持出口促进经济增长
Michalopoulos & Jay	1973	39 个发展中经济体 1960—1969 年的面板数据	支持"ELG"假说
Voivodas	1973	22 个经济体 1956—1967 年的数据	支持出口对经济增长的正效应
Balassa	1978	11 个半工业化国家 1960—1966 年和 1966—1973 年两个期间的数据	支持"ELG"假说
Heller & Porter	1978	41 个发展中经济体与 24 个中等收入经济体 1950—1973 年的样本	支持"ELG"假说
Williamson	1978	22 个拉丁美洲经济体 1960—1974 年的数据	支持"ELG"假说
Tyler	1981	55 个中等发展中国家 1960—1977 年的数据	支持"ELG"假说
Feder	1982	55 个经济体 1964—1973 年的数据	支持"ELG"假说
Salvatore	1983	52 个发展经济体 1961—1978 年的面板数据	支持"ELG"假说
Kavoussi	1984	73 个经济体 1960—1978 年的数据	支持"ELG"假说

续表

作者	文献发表时间	样本	结论
Balassa	1985	43 个发展中经济体 1973—1979 年的数据	支持"ELG"假说
Ram	1986；1987	14 个亚洲经济体 1965—1982 年的数据；88 个欠发达国家的时间序列与横截面数据	支持"ELG"假说
Singer & Gray	1988	52 个发展中经济体 1967—1983 年的面板数据	支持"ELG"假说
Mbaku	1989	37 个非洲经济体 1970—1981 年的数据	支持"ELG"假说
Fosu	1990	28 个非洲经济体 1960—1980 年的数据	支持"ELG"假说
Otani & Villaneuva	1990	55 个发展中经济体 1970—1985 年的数据	支持"ELG"假说
Alam	1991	41 个经济体 1965—1984 年的数据	支持"ELG"假说
Dollar	1992	92 个国家 1976—1985 年的数据	支持"ELG"假说
Coppin	1994	59 个发展中经济体 1980—1988 年的数据	支持"ELG"假说
Medina-Smith	2001	哥斯达黎加 1950—1997 年的时间序列数据	支持"ELG"假说
Keong et al.	2005	马来西亚 1960—2001 年的时间序列数据	支持"ELG"假说
Parida & Sahoo	2007	四个南亚国家 1980—2002 年的面板数据	支持"ELG"假说
Kaushik et al.	2008	印度 1971—2005 年的时间序列数据	支持"ELG"假说

表 2.2 处理内生性的文献汇总

作者	文献发表时间	样本	方法	结论
Moschos	1989	71 个发展中经济体 1970—1980 年的数据	工具变量法	强烈支持"ELG"假说
Mcnab & Moore	1998	41 个发展中经济体 1963—1985 年的数据	OLS 与 3SLS	3SLS 的"ELG"效应降低
Frankel & Romer	1999	国家地理特征作为工具变量	工具变量法	稳健支持"ELG"假说

表 2.3 有条件的"ELG"假说汇总

作者	文献发表时间	样本	结论
Dodaro	1991	84 个发展经济体 1965—1981 年的面板数据	"ELG"假说成立需要基于出口商品的种类
De Gregorio	1992	12 个拉丁美洲经济体 1950—1985 年的面板数据	出口商品种类是"ELG"效应的先决条件
Sheehey	1992	53 个非产油发展中经济体 1960—1981 年的数据	只有部分经济体支持"ELG"假说
Sprout et al.	1993	72 个发展中经济体 1970—1984 年的数据	出口工业制成品的大经济体从出口中获益，出口初级商品的小型经济体不支持"ELG"假说
Amirkhalkhali & Dar	1995	23 个发展中国家 1961—1990 年的面板数据	内向经济发展战略的经济体，其出口对经济增长并没有作用
Yaghmaian & Ghorashi	1995	30 个发展中经济体 1980—1990 年的面板数据	出口与经济增长之间存在双向的促进作用，难以区分

表2.4　不支持"ELG"假说文献汇总

作者	文献发表时间	样本	结论
Jung & Marshall	1985	37 个发展中国家 1950—1981 年的数据	其中 20 个经济体不支持"ELG"假说
Chow	1987	墨西哥、巴西、以色列、韩国、新加坡、阿根廷 1960—1984 年的时间序列数据	除墨西哥之外，其余经济体不支持"ELG"假说
Ram	1987	88 个国家 1960—1982 年的时间序列数据	39 个经济体支持"ELG"假说，剩余经济体不支持"ELG"假说
Ahmad & Kwan	1991	47 个非洲经济体 1981—1987 年的时间序列数据	不支持"ELG"假说
Salvatore & Hatcher	1991	26 个发展中经济体 1963—1985 年的时间序列数据	其中 2 个经济体不支持"ELG"假说
Ahmad & Harnhirun	1992	陷入"中等收入陷阱"的经济体	不显著支持"ELG"假说
Bahmani-Oskooee & Alse	1993	9 个发展中经济体 1973 年 1 月到 1988 年 4 月的月度时间序列数据	马来西亚不支持"ELG"假说
Dodaro	1993	87 个发展中经济体 1967—1986 年的时间序列数据	只有 8 个经济体支持"ELG"假说，其余经济体不支持
Kugler & Dridi	1993	11 个发展中经济体 1960—1989 年的时间序列数据	埃及、马来西亚、墨西哥、泰国都不支持"ELG"假说
Sengupta	1993	日本、韩国、菲律宾 1961—1987 年的数据	日本与菲律宾不支持"ELG"假说
Greenaway & Sapsford	1994	韩国 1957—1985 年的数据	不支持"ELG"假说
Love	1994	20 个发展中经济体 1960—1990 年的数据	其中三个经济体不支持"ELG"假说
Sharma & Dhakal	1994	30 个发展中经济体 1960—1988 年的数据	11 个经济体不支持"ELG"假说

续表

作者	文献发表时间	样本	结论
Van Den Berg & Schmidt	1994	7 个拉丁美洲国家 1960—1987 年的数据	4 个经济体不支持"ELG"假说
Ukpolo	1994	8 个非洲国家 1969—1988 年的数据	沉湎于能源出口的经济体不支持"ELG"假说
Ahmad & Harnhirun	1995	5 个亚洲经济体 1966—1990 年的数据	印度尼西亚、马来西亚、菲律宾、泰国不支持"ELG"假说
Amirkhalkhali & Dar	1995	23 个发展中经济体 1961—1990 年的年度数据	阿根廷、加纳、印度、秘鲁、赞比亚、巴基斯坦、泰国、土耳其不支持"ELG"假说
Arnade & Vasavade	1995	22 个拉丁美洲经济体与 17 个亚太经济体	绝大部分经济体不支持"ELG"假说
Amoateng & Amoako-Adu	1996	35 个非洲国家 1971—1990 年的数据	不支持"ELG"假说
Onafowora et al.	1996	12 个撒哈拉非洲国家 1963—1991 年的数据	出口与经济增长之间关系不明确
Xu	1996	32 个发展中经济体 1951—1990 年的数据	3 个经济体不支持"ELG"假说
Ahmad et al.	1997	5 个亚洲经济体	马来西亚、印度尼西亚、新加坡与菲律宾不支持"ELG"假说
Islam	1998	15 个东南亚经济体	7 个国家不支持"ELG"假说
Alam	2003	墨西哥 1959—1990，巴西 1955—1990 年的数据	结果拒绝了"ELG"假说
Abu-Qarn & Suleiman	2001	中东与北非 9 个国家的时间序列数据	阿尔及利亚与苏丹支持"ELG"，其他国家不支持"ELG"假说
Akbar & Fatima	2003	巴基斯坦 1975—1998 年的季度时间序列数据	结果拒绝了"ELG"假说
Dhawan & Biswal	1999	印度 1961—1993 年的数据	"ELG"只是一个短期现象

　　具体到"ELG"假设的实证检验，由于选取的国家或地区的时间段不同，其数据质量也存在差别，从而导致出口贸易对经济增长的影响出现了一定的分歧。Greenaway & Sapsford（1994）以及 Burney（1996）就指出，选取时期的不同将导致"ELG"假设检验结果的不同。Xu（1996）指出在研究出口与经济增长的问题中，因果关系检验本身对模型的选择和函数形式非常敏感。因此在系统分析中，选取的变量不同也会造成结论的不一致。如对澳大利亚的分析，Arnade 和 Vasavada（1995）在一个三变量系统中，利用年度数据分析了实际农业产出与农业出口的关系，发现不存在因果关系。Bodman（1996）采用季节调整数据，在一个双变量系统中分析了制造业产出与出口的关系，发现支持"ELG"假说。

　　对于"ELG"假说，客观的研究事实证明有条件的出口促进经济增长更符合现状。不同经济体、同一经济体的不同经济增长阶段的出口贸易在经济增长中所承担的角色具有较大差异，因此对于"ELG"假说，需要具体国家具体分析、具体国家的不同经济增长阶段具体分析。Lucas（1988）指出一国只有专注于高技术含量商品的出口时，"ELG"假设才会容易得到验证。Cuaresma & Worz（2005）利用 45 个发展中国家与发达国家 1981—1997 年的面板数据来检验"ELG"假说，结果表明高技术工业制成品的出口对拉动 GDP 的增长具有显著的促进作用，而低技术工业制成品的出口则不明显。Herzer et al.（2005）用智利 1960—2000 年的年度时间序列数据进行研究，结果表明仅制造业的出口支持"ELG"假说。Kilavuz & Topcu（2012）利用 1998—2006 年 22 个发展中国家的面板数据对"ELG"假说进行了检验，结果也表明出口对经济增长的影响与出口商品的结构有关，科技含量高的工业制成品出口对发展中国家的经济增长具有正向的促进作用。由于发展中经济体出口商品结构存在动态变化过程，因此出口对经济增长的影响也将发生变化。并且根据出口商品的供给与需求弹性，他们也得出发达国家出口商品供给与需求弹性小，出口对于经济增长的拉动作用对于发达国家而言，其效果要明显优于发展中国家。Lim et al.（2011）通过对东南亚新兴工业化国家进行出口与经济增长之间的研究，结果表明出口与经济增长之间的关系并非是线性的，"ELG"对于大多数国家是存在的，但对于新兴工业化国家，出口并非一定促进经济增长。Rivera-Batiz & Romer（1991）发现只有在两个国家具有相似的技术与要素禀赋，并且这两个国家的经济发展水平差不多时，"ELG"假说才会成立。"ELG"假说成立也体现在同一经济体的不同经济增长阶段，Boltho（1996）将 20 世纪日本的时间序列数据分成了三个时间段以检验"ELG"假说存在的发展区间效应，1952—1973 年之间支持了"ELG"假说，而 1913—1937 年、1973—1990 年并不支持"ELG"假说。

2.2　新古典经济增长理论视角

20 世纪的实证研究主要是运用古典贸易理论分析出口对经济增长的影响，虽然研究结果出现了千差万别，但随着国际贸易规模的进一步扩大与世界经济的继续向前发展，二战后东亚部分经济体的崛起再次印证了出口对经济增长的重要意义。尤其是二战后日本的崛起引起了经济学家的注意，日本外向型经济发展战略的实施为出口贸易影响经济增长的研究提供了更加充实的素材，后续"亚洲四小龙"经济体仿效日本，依靠外向型经济体发展战略成功崛起进一步证实了出口贸易对经济增长的积极作用。东亚经济体的崛起导致"ELG"假说空前盛行，为绝大部分经济学家推崇，并且成为后续发展中经济体经济增长路径的重要借鉴。随着经济增长理论转移到新古典经济增长的视角，研究贸易的视角逐渐从古典贸易理论向新贸易理论转移。Krugman（1979）从市场结构的视角出发，研究了出口贸易引发经济增长的外部条件，基于一般均衡模型分析，在规模经济与不完全竞争市场的假设下，得出了贸易收益的获得需要进行贸易双方的国家具有相似的需求、技术水平与生产要素禀赋，该理论奠定了新贸易理论的基石，学术界也开始从新古典经济增长理论的视角解释出口贸易对经济增长的影响机制。次年，Krugman（1980）进一步基于规模经济的视角分析了出口贸易对经济增长的正效应，进一步巩固了新贸易理论的基石。基于国际分工的视角，Krugman（1981）研究了经济体来自贸易的收益，出口贸易的扩张将使产业内专业化分工进一步细化，从而有利于经济体的经济增长。后续经济学家也逐渐在新贸易理论的框架下进一步解释经济体来自出口贸易的收益机制（Helpman，1981）。

2.3　新经济增长理论视角

2.3.1　"干中学"效应

新经济增长理论中，Arrow（1962）创造性地提出了"干中学"理论，其主要基于微观企业发展视角，即在动态的企业发展过程中，生产要素如劳动力、机器设备以及管理经验等在生产过程中不断调整，并获得进步。出口贸易作为外部市场的需求，将使微观企业的规模扩大，动态实现企业的"干中学"效应，进一步促进出口国经济增长。Long et al.（1996）研究了开放经济体，出口贸易可以扩大"干中学"效应，从而促进技术进步与经济增长。Chuang（1998）用一个模型展示了发展中国家通过贸易中的外部性与"干中学"效应促进其经济增长，之后 Chuang（2002）用 78 个国家 1960—1985 年的面板数据实证检验了贸易的"干中学"效应。但同时部分经济学家也指出出口贸易的"干中学"效应的发挥在不同经济体中具有差异，根据 Young（1991）对发达国家与发展中国家之间贸易的研究，发达国家专注于高技术商品的生产与出口，而发展中国家专注于低技术商品的生产与出口，而高技术制造业的"干中学"效应更快，因此发达国家会从出口贸易中获得更快的经济增长速度，发展中国家则从出口贸易中受益较少。还有经济学家指出出口贸易的"干中学"效应在发展中国家并不存在，出口贸易的分工格局将会使发展中经济体锁定在全球生产体系的低端环节。Krugman（1987）的研究表明，发展中经济体将在国际贸易分工格局中锁定在低技术商品的生产中。Lucas（1988）进一步肯定了 Krugman 的研究结论，并指出发达经济体具有较高的知识存量，"干中学"效应更加明显。Stokey（1991）认为国际贸易分工格局使发展中经济体锁定在低质量、低技术商品的生产中，"干中学"效应的发挥需要生产商品技术含量的不断提升，因此发展中经济体难以存在出口贸易的"干中学"效应。邵敏（2012）采用倍差法，基于中国工业企业 2000—2006 年的数据实证检验了出口的"干中学"效应，结果表明出口的"干中学"效应在中国的发挥受到外部因素的影响，其中行业的加工贸易密集度与行业的技术水平成为最大的影响因素。

2.3.2　刺激研发支出效应

内生技术进步另一表现形式为目的性的研发支出，研发支出可以有效规避生产要素的边际产出递减规律，实现内生的经济增长（Romer，1990；Aghion & Howitt，1991；Grossman & Helpman，1991）。出口贸易作为对外部市场需求的满足，其出口商品需要基于出口目的国的消费习惯与偏好，商品的畅销需要进行有针对性的研发活动，因此出口贸易对研发支出的刺激将有利于本国的经济增长。但是发达经济体与发展中经济体在国际生产体系中所承担的角色不同，发展中经济体主要生产低技术含量的中间商品与承接商品的组装与加工环节，逐渐变成全球价值链的附庸，其出口贸易对研发的刺激作用远远不如发达经济体出口贸易所承担的角色，因此基于新经济增长理论内生研发支出的视角，发展中经济体出口贸易对研发支出的刺激将远不及预期。

2.3.3　技术溢出与扩散效应

在经济体技术进步路径中，除本国研发支出外，国外的技术溢出与扩散是另一重要的技术进步路径。在开放经济条件下，商品在全球范围内的流动将导致商品内含的技术出现溢出与扩散效应（Eaton & Kortum，1999；Coe & Helpman，1995），其中出口贸易作为外部商品的需求将会对出口国产生逆向的技术溢出与扩散，一般情况下，国外客户的订单所要求的商品质量与技术标准往往高于国内，尤其是在订单化生产与图纸生产过程中，外部的技术标准将被国内企业复制，通过出口贸易实现技术进步，促进经济增长（李平，2006）。同时，为了应对国际市场更加严格的产品准入要求和更为苛刻的消费需求，以及更高的运输成本等问题，出口部门往往拥有较为先进的技术，这构成了出口贸易技术外溢的基础条件，进而通过劳动力的流动、示范效应和竞争效应等水平联系，带动非出口部门和国民经济生产率水平的提高（Feder & O' Mara，1982；Gorg & Greenaway，2004；许和连、栾永玉，2005），并且动态意义上，外部市场需求商品的高技术标准将使出口企业更有动力提高其生产能力与技术水平。Hallward-Driemeier et al.（2002）发现出口企业相比非出口企业具有更高的技术水平，而出口商具有的高技术水平将进一步通过技术外部性实现对非出口企业的溢出与扩散。Stiglitz（2007）通过对中国和印度两国进行分析发现，因出口贸易导致的技术溢出促进了两国的经济增长。综上所述，内生技术进步在一定程度上解释了出口对经济增长的作用机制。

2.4　微观视角的理论与实证分析

宏观视角上出口贸易对经济增长作用机制的研究相对成熟，随着微观数据库的完善，国际贸易理论的研究转向微观企业，基于产品内贸易的新新贸易理论开始从微观企业的视角研究出口对经济增长的影响，而视角也逐渐趋向于动态化与微观化，但是作用机制仍然基于古典贸易理论、新贸易理论的体系。Arndt & Kierzkowski（2001）指出，产品内分工显著提高了一国整体生产率水平，产品内生产阶段的专业化导致了巨大的规模经济效应，在降低单位成本的同时也带动了就业，进而实现了经济增长。Glass & Saggi（2001）从微观企业的视角，验证了一国参与国际产品生产分工的经济增长效应。通过构建南北之间的产品周期模型，验证了企业参与国际分工的技术创新效应。企业通过嵌入国际生产体系，组织本国、本地区具有比较优势的生产要素，集中优势资源，降低企业的边际成本，在提高了产品质量的同时也增加了企业利润。其中基于内生经济增长理论，研究出口对企业全要素生产率影响的文献较为丰富。Baldwin（1989）运用理论模型推导了高生产率企业进入出口市场的逻辑过程，并对"出口学习效应"的存在性进行了论证。Melitz（2003）与 Antras（2004）分别研究了贸易对产业内资源的重新配置与总产业生产率的影响以及微观企业在产业内部的进入与退出对产业生产率的影响，从而奠定了新新贸易理论的基础。早在新新贸易理论之前，部分学者就开始基于各国微观企业数据研究出口贸易对生产率的影响。Bernard & Bradford（1999）通过对美国微观企业的研究发现，美国出口企业的劳动生产率比非出口企业高出 0.8%，并且，Keller（2004）预计出口企业的"出口学习效应"要比想象的更高。Castellani（2002）利用意大利制造业公司层面的微观数据实证检验了出口贸易对生产率的影响，控制了公司具体特征之后的检验结果表明出口贸易有利于企业生产率的增长。但是也有学者认为出口企业的高生产率并非是在出口过程中产生的，由于厂商进入国外市场需要一定的沉淀成本，出口能力的自我选择已经将具有沉淀成本支付能力的高生产率企业划拨到出口企业中。Clerides et al.（1998）对 20 世纪 80 年代哥伦比亚、摩洛哥、墨西哥国内企业进行调研，结果支撑上述结论。Arnold & Hussinger（2005）利用德国作为样本进行研究，其利用德国工业制造业数据与出口数据进行匹配研究了德国出口对企业生产率的影响，结果表明德国的出口贸易对公司生产率具有自我选择效应，只有生产率较高的企业才会越过出口沉没成本，但是出口企业在出口过程中并没有实现生产率的进一步提升。同样的结论也发生在印度身上，Sharma & Mishra（2011）利用印度工业企业数据实证分析了印度出口贸易对企业生产率的影响，出口的生产率自我选择效应较为明显，高生产率企业将走向出口战略，但是出口之后的学习效应并不明显，生产要素也并没有向出口企业进一步集中，出口企业的生产率并没有因为出口而获得提升。新新贸易理论对出口贸易促进经济增长的路径分析主要集中于出口对动态行业生产率的影响，但是在中国，问题是不仅不存在出口促进生产率效应，而且出口的自我选择效应也不存在，完全背离了新新贸易理论的逻辑结论。Fu（2005）对转型经济体的出口与技术进步以及生产率增长之间的关系进行了研究，用中国 1990—1997 年制造业面板数据实证分析了出口对全要素生产率的影响，该研究结果与新新贸易理论的结论恰好相反，出口并没有通过竞争效应与资源的重新配置效应实现生产率的进步，由于中国市场的要素扭曲以及贸易政策的导向失误，中国的出口贸易不仅没有促进其全要素生产率的提升，反而抑制了本国的技术进步。背离于新新贸易理论的结论，中国出口企业的生产率相对非出口企业反而较低，对于中国存在的"出口企业生产率之谜"，部分学者进行了探究。戴觅等（2014）利用中国工业企业数据与海关数据库匹配之后的结果进行研究，结果表明加工贸易企业的生产率水平普遍低于非出口企业，剔除加工贸易企业之后的研究重新符合新新贸易理论的结论。并且，基于新新贸易理论的逻辑，出口贸易导致的行业内资源重新配置效应有利于促进整个行业的全要素生产率水平，但李春顶、唐丁祥（2010）的研究发现中国的出口贸易并没有导致整个行业全要素生产率水平的提升。

由于发展中经济体加工贸易的存在以及部分国家大量出口自然资源、能源，因此基于新新贸易理论的逻辑视角，出口贸易对全要素生产率的影响结果对于不同经济体具有较大的异质性。在当今学术界对新新贸易理论的整体研究结果中，发达经济体的经验研究大体支持新新贸易理论的逻辑体系，但是具体到发展中经济体与落后经济体，出口贸易对全要素生产率的影响并不明显，很多嵌入国际生产体系的发展中经济体，出口企业的生产率水平与出口的资源再配置效应几乎不存在。这与全球价值链的固化以及不同经济体在国际生产体系中所承担的角色差别有极大的关系，对于发展中国家与落后经济体的研究，出口加工贸易不容忽视。在产品内贸易阶段，商品生产的不同价值链条所含有的技术水平与价值增值差异很大，发达经济体往往嵌入技术水平较高且具有垄断特征的价值增值生产环节，而将附加值少而技术水平较低但是投入生产要素数量大的加工环节留给发展中国家与落后经济体。

2.5 小结

基于全球价值链的分析视角，商品生产一般由多国联合完成，中间品贸易的逐渐扩大导致终端商品的出口越来越不能代表出口国的出口能力与从出口中获得的价值收益。过去基于海关数据中出口贸易商品结构与出口贸易总额的研究显然不符合当前时代发展的特征与全球价值链分工的背景，出口商品的总额与出口商品的结构不再能反映经济体的真实贸易利益（王岚，2014），因此过去用总量出口数据基于多种机制分析出口对经济增长的影响将失效。基于新新贸易理论的实证研究主要针对微观企业数据，与新新贸易理论假设中异质性企业生产模型有关，而出口对经济增长的影响仅建立在微观企业数据的研究显然会丢失未进入微观企业数据库的非规模出口企业的样本。对于发展中经济体，由于个体工商户以及作坊模式生产大量存在，因此以微观企业数据库作为样本研究宏观出口贸易对经济增长的影响并不能反映整体样本的真实结果。

当今出口贸易为产业间贸易、产业内贸易与产品内贸易并存的阶段，而伴随国际投资的国际生产分割成为当今世界经济一体化更高阶段的新特征。同时国际金融的发展与跨国远洋运输成本的下降，可流动中间品的范围与广度被不断突破，生产过程将基于全球范围内根据区位条件布置商品的不同生产环节，这使得世界范围内出口贸易商品由最终商品的出口变成了种类与数量巨大的中间商品的出口，并且基于全球价值链分工的中间品贸易愈加重要（Markusen，1989）。根据 Antras（2003）开创的产品内分工贸易理论，出口的真实收益在其出口商品的价值增值环节。为了探究经济体出口贸易的价值增值，进一步揭示出口贸易的真实竞争力与全球价值链的地位，基于出口贸易附加值的研究已经成为国内外学者主要的贸易研究对象（Hummels et al.，2001；Koopman et al.，2010；Johnson and Noguera，2012；樊茂清、黄薇，2014；李昕、徐滇庆，2013），同时，经济合作与发展组织（OECD）以及联合国贸发委近年来也鼓励用附加值核算来取代基于产品价格的统计方式，原世界贸易组织（WTO）总干事拉米（2011）呼吁，全球贸易核算应建立以"附加值"为口径的新的统计体系。相比总量贸易数据的研究，附加值贸易核算与全球价值链地位研究更能体现国土范围内经济体的真实收益（王岚、盛斌，2014；唐东波，2013）。在价值链分工背景下，基于出口贸易附加值研究出口对经济增长的影响将是产品内贸易阶段研究出口对经济增长影响的初步探索。本书将用出口附加值作为出口贸易的代理指标，基于古典经济增长理论短期需求的视角与新经济增长理论长期技术进步的视角，研究国别层面出口对经济增长的影响。

第3章　出口附加值核算方法介绍与说明

随着国际贸易由产业内贸易进入产品内贸易阶段，出口商品由多国联合生产完成，终端出口商品的价值将不能代表出口国的真实出口贸易数量与出口质量。同时，出口的收益开始由本国的附加价值表示。Ernst（1998）将出口商品定性为若干国家共同生产一件商品，商品生产被分割成若干过程，中间零部件被配置在最优生产国家，最终在某国组装并出口，出口商品中本国收益只可由本国生产环节的附加值代表。以苹果公司在全球布置 Iphone 和 Ipad 的生产过程为例，Iphone 和 Ipad 的出口由中国完成，但是内含的大量高技术零部件却由进口国外的中间品提供，通过富士康公司组装，中国的附加值仅仅是劳动力赚取的 4 美元加工费（Kraemer et al.，2011）。因此，正如 Varian（2007）所总结的："苹果手机虽然从中国出口，但是没有人可以下结论说苹果手机是中国生产的，它由众多国家的公司合作生产完成，生产的每一个阶段将贡献最终价值的一部分。"基于产品内贸易阶段，总量层面数据不能说明问题的事实，学术界开始对出口商品中本国附加价值进行核算。

3.1　核算方法综述

Hummels et al.（2001）为一国垂直专业化的研究奠定了测算出口贸易附加值的思想基础，他们用出口中进口中间品所占比重作为垂直专业化的指标，并基于此计算出口国外的附加值。基于 Hummel et al.（2001）的方法，刘遵义等（2007）采用非竞争型投入产出表，测算了中美出口贸易的国内增加值率。黄先海、杨高举（2010）进一步利用该方法研究了出口产品中包含的国内增加值及其对经济增长的拉动作用，这可以看作基于附加值贸易探究出口对经济增长作用的第一次尝试。但是这一方法包含一个不符合现实的假设，即加工贸易与一般贸易中进口中间品所占出口商品的份额相同，显然加工贸易中所使用的国外中间品更多一些，如果该方法套用于中国、韩国等高比重的加工贸易国家，将造成出口贸易附加值被高估的现状。随后 Koopman et al.（2010）、Daudin et al.（2011）、Johnson & Noguera（2012）都对一国出口贸易附加值的核算进行了尝试，并吸取了 Hummels et al.（2001）的有益思想。其中，Koopman et al.（2012）放弃了 Hummels et al.（2001）中不符合现实的假设，另辟蹊径，基于国家非竞争性投入产出表测算出口商品的附加值，并且首次将该方法应用于中国，测算了中国行业层面的出口贸易附加值。总量层面与产业层面对出口贸易附加值的测算主要基于 Koopman 等人的思想，依赖于国家层面非竞争性投入产出表编纂的日臻完善与大数据运算工具的发展，总量层面出口贸易附加值的核算日益精确。但是 Koopman 等人的研究并没有将贸易折返问题考虑进来，即一国出口的商品全部为最终商品，而事实却是大量的中间商品出口，并伴随着他国的最终商品重新回到本国。随着国际生产分工的继续细化、商品运输成本的逐渐降低，商品生产分割可能将生产过程的两个甚至更多阶段配置于同一经济体，因此商品出口之后的再进口、贸易的转移与折返现象将会越来越普遍。曾铮、张路路（2008）便指出精确核算贸易的利得必须解决出口商品的继续回流与贸易折返问题。Johnson & Noguera（2012）的研究充分将此问题考虑其中，继续放松过去研究中不符合现实的假设，通过利用投入产出表中的投入产出系数，核算出口商品的贸易折返问题，从而更加精确地计算一国的出口贸易附加值。上述文献对出口贸易附加值核算过程，不是假设条件过于苛刻，就是方法讲解不系统。直到 Stehrer（2012）对出口贸易附加值与附加值贸易进行了系统解释，并基于世界非竞争性投入产出表给出了详细的核算方法，同时也从生产要素的视角对出口贸易附加值进行了分解。该文献被看作是系统介绍出口贸易附加值的最详细文献。Stehrer（2012）对出口贸易附加值的核算主要基于出口目的国家的视角核算来源于出口国的商品附加值，并且将贸易折返这一问题考虑在内，但是其考虑的贸易折返现象仅仅是首次折返，对于中间商品在不同国家之间的多次进出口，其核算框架就不能将其囊括其中。考虑到目前的核算技术与矩阵运算的局限性，Stehrer（2012）的方法核算是最接近精确数据的核算方法。

除了总量层面与产业层面出口贸易附加值的核算，微观数据的统计精确化为我们提供了另一核算出口贸易附加值的方法。学术界为了窥探微观出口企业的行为，开始基于工业企业数据库与海关数据库核算并汇总出口贸易附加值。Upward et al.（2013）通过将中国工业企业数据库与海关数据库相匹配，核算了中国 2003—2006 年间中国企业层面的出口贸易附加值。国内学者也参考国外的核算方法对中国的出口贸易附加值进行了核算，并在此基础上从多维视角展开实证研究。李昕、徐滇庆（2013）利用中国微观投入产出表核算了附加值贸易下的中国总附加值出口与行业的附加值出口。张杰等（2013）从微观企业层面的视角测算了中国出口的国内附加值，同时对中国出口附加值的变化机制展开了深入研究。微观视角的分析可以从企业层面发现出口中更加翔实而具体的信息，但微观数据难以涵盖所有企业，尤其是非规模经济企业的出口难以包括进去。本书基于跨国面板数据的研究，所以选取 Stehrer（2012）的核算方法。

3.2　数据来源与说明

关于核算出口贸易附加值的原始数据，普渡大学的 GTAP 数据库提供了2004 年一年的数据，显然对于我们的研究没有多大帮助。OECD/WTO 基于各国的投入产出表核算了 OECE 国家与部分非 OECD 国家的出口贸易附加值，涉及 19 个行业数据，但是该数据库只提供 1995、2000、2005、2008、2009 这 5年的数据，这些数据主要存在以下三个问题：行业划分分为了 19 个行业，并不细致，在产品内贸易阶段，为了窥探经济体的出口贸易竞争力与各行业之间的附加值输送，需要更加细致的行业划分；涵盖的年份较少，不能完整反映出口贸易附加值的动态变化过程；该数据存在一个与 Hummels et al.（2001）相似的假设，即国内消费商品与出口商品中所使用的进口中间品比例相同，显然这一假设并不符合中国、韩国等高比重加工贸易经济体的现实。本书的研究主要是针对跨国面板数据的研究，单一国家的数据由于在统计口径与统计部门存在差异，因此汇总的数据并不一致，基于以上分析，与依赖于个体国家的投入产出表并汇总形成的出口附加值数据相比，WIOD 数据库提供了一个完整的年度时间序列世界非竞争性投入产出表。截至目前，WIOD 数据库公布了两套世界非竞争性投入产出表，从时间上涵盖了 1995—2014 年的数据。两套数据分别为 2013 年发布的 1995—2011 年的历年世界非竞争性投入—产出表，2016 年分布的 2000—2014 年的历年世界非竞争性投入—产出表。2013 年发布的数据涵盖了 27 个欧洲经济体与 13 个主要的非欧洲经济体，行业分类按照 ISIC 第三版的分类标准，包括 16 个农业部门与工业部门、19 个服务业部门①。但是 2016 年发布的数据涵盖了 28 个欧洲经济体与 15 个非欧洲经济体，并且行业分类更加细致，具体分为 55 个行业。根据两套数据分别计算出口贸易附加值显然不能用于统一的经济学研究，而使用任何一套数据而放弃另一套数据又不能涵盖范围更广的年份，有可能因为部分年份数据的缺失而使研究失去意义。因此我们将两套数据进行归并整理，根据我们的研究需要，将 2016 年版本的数据化归整理成 2013 年发布的数据，具体化归整理方法：2016 年发布的数据在 2013 年的基础上增加了瑞士、克罗地亚、挪威三个国家，由于这三个经济体体量并不大，而且并非我们研究中的核心经济体，因此将 2016 年发布数据中的这三个经济体统一归并到世界剩余国家与地区中。至于 2016 年发布数据中的 56 个行业与 2013 年版本的不一致性，我们将 2016 年版本的 56 个行业合并成 2013 年版本的 35 个行业，具体的行业归并标准如表 3.1 所示。两套数据的行业分类非常详细，包括了国家内部以及国家与国家之间的商品价值来源与去向。其中，2013 年版本的世界非竞争性投入产出表中统计了世界经济总量的 87%，并且囊括了主要发达国家与发展中大国的经济活动。35 个产业部门分类依据 ISIC 第三版的分类标准，包括 16 个农业与工业部门、19 个第三产业部门。历年的投入产出表中，中间投入矩阵是 1435 * 1435 的矩阵，行向量继续增加附加值与总产出两行，列向量中增加最终品去向分类。在国际贸易领域研究中，WIOD 数据库被诸多学者列为研究全球价值链分工与各国贸易政策导向的基本数据库（Timmer et al.，2015；Greenaway，2012；European Commission，2013；Saito et al.，2013）。基于 Stehrer（2012）的方法进行核算，将会形成完整的历年出口贸易附加值总量层面、双边层面以及产业层面的数据。

---

① 35 个行业分类具体包括：农林牧渔、采矿与挖掘业、食品与烟草业、纺织与服装制造业、皮具与皮革制造业、木材加工业、造纸与印刷业、再生燃料与核能源制造业、化工与化学制品业、橡胶与塑料制品业、其他非金属矿物、基础金属、机器加工业、电力与光学设备制造业、运输装备制造业、手工制造业、电能天然气与水供应、建筑业、交通工具修理及能源零售业、批发贸易、零售贸易以及家装维修、宾馆服务业、内陆运输服务业、水路运输服务业、航空运输服务业、其他运输服务业、邮政及电子通讯业、金融中介服务业、房地产服务业、商务租赁业务、公共服务及社会安全服务业、教育服务业、医疗保健行业、其他社会与个人服务业。

表 3.1　WIOD 数据库行业归并分类

	2013 年标准行业	2016 年发布数据行业归并到相应行业	2013 年标准行业	2016 年发布数据行业归并到相应行业	2013 年标准行业	2016 年发布数据行业归并到相应行业
行业代码	C1	C1/C2/C3	C13	C16	C25	C33
行业代码	C2	C4	C14	C17/C18/C19	C26	C34
行业代码	C3	C5	C15	C20/C21	C27	C35/C39
行业代码	C4	C6	C16	C22/C23	C28	C41/C42/C43
行业代码	C5	C6	C17	C24/C25/C26	C29	C44/C46
行业代码	C6	C7	C18	C27	C30	C38/C40/C45/C47/C48/C49
行业代码	C7	C8/C9/C37	C19	C28	C31	C50/C51
行业代码	C8	C10	C20	C29	C32	C52
行业代码	C9	C11/C12	C21	C30	C33	C53
行业代码	C10	C13	C22	C36	C34	C54/C56
行业代码	C11	C14	C23	C31	C35	C55
行业代码	C12	C15	C24	C32		

3.3　总量及双边出口贸易附加值核算

世界非竞争性投入产出表是计算出口贸易附加值的主体框架。根据 Stehrer (2012) 对出口贸易附加值的定义，其统计出口贸易附加值的核心在于统计目的国家进口商品中包含的出口国的价值量。世界历年的非竞争性投入—产出表列出了各国中间商品与最终商品的来源与去向，统计出口贸易附加值需要统计出口中间商品中本国的附加价值与最终商品中本国的附加价值，同时还要扣除贸易折返现象中所回到国内的中间商品与最终商品中重复计算的部分。根据世界非竞争性投入产出表的结构，得到如下恒等式：

$$X = AX + F = LF \qquad \text{（式 3-1）}$$

式 3-1 中，X 为 $CG * 1$ 的总产出向量，C 代表世界非竞争性投入产出表中国家的数量，G 代表世界非竞争性投入产出表中产业的数量；A 为 $CG * CG$ 的投入产出系数矩阵，又可称为中间品消耗系数矩阵；F 为 $CG * 1$ 的最终消费需求向量。$L = (I - A)^{-1}$，L 即国际贸易学中里昂惕夫逆矩阵。具体的向量与矩阵表示由下列形式表示。

即，$X = (X_1, X_2, \cdots, X_r)'$，$I$ 代表单位矩阵，

$$A = \begin{pmatrix} A_{11} & A_{12} & \cdots & A_{1r} \\ A_{21} & A_{22} & \cdots & A_{2r} \\ \cdots & \cdots & \cdots & \cdots \\ A_{r1} & A_{r2} & \cdots & A_{rr} \end{pmatrix}, L = \begin{pmatrix} L_{11} & L_{12} & \cdots & L_{1r} \\ L_{21} & L_{22} & \cdots & L_{2r} \\ \cdots & \cdots & \cdots & \cdots \\ L_{r1} & L_{r2} & \cdots & L_{rr} \end{pmatrix}, F = \begin{pmatrix} F_{11} & F_{12} & \cdots & F_{1r} \\ F_{21} & F_{22} & \cdots & F_{2r} \\ \cdots & \cdots & \cdots & \cdots \\ F_{r1} & F_{r2} & \cdots & F_{rr} \end{pmatrix}$$

$$\text{（式 3-2）}$$

式 3-2 中，$A_{ij} = X_{ij} / X_j$，A_{ij} 表示 j 国总产出中，使用的 i 国的中间品占比，矩阵中的其他元素以此类推。为了简化我们的分析与出口贸易附加值核算的理论框架，我们暂且以三国模型为例，并且每个国家仅有一个行业，再渐次展开模型，扩大到 N 国情形。假设存在三个国家 r、s、t，展开世界非竞争性投入产出表的恒等式：

$$\begin{bmatrix} X_r \\ X_s \\ X_t \end{bmatrix} = \begin{bmatrix} A_{rr} & A_{rs} & A_{rt} \\ A_{sr} & A_{ss} & A_{st} \\ A_{tr} & A_{ts} & A_{tt} \end{bmatrix} \begin{bmatrix} X_r \\ X_s \\ X_t \end{bmatrix} + \begin{bmatrix} F_r \\ F_s \\ F_t \end{bmatrix} = \begin{bmatrix} L_{rr} & L_{rs} & L_{rt} \\ L_{sr} & L_{ss} & L_{st} \\ L_{tr} & L_{ts} & L_{tt} \end{bmatrix} \begin{pmatrix} F_{rr} + F_{rs} + F_{rt} \\ F_{sr} + F_{ss} + F_{st} \\ F_{tr} + F_{ts} + F_{tt} \end{pmatrix}$$

$$\text{（式 3-3）}$$

式 3-3 中，X_r、X_s、X_t 分别为 $G*1$ 维的向量，表示三个国家的总产出，L 矩阵中每个元素分别表示 $G*G$ 维的亚矩阵，表示里昂惕夫逆矩阵中的每个元素。$F_r = F_{rr} + F_{rs} + F_{rt}$，$F_s = F_{sr} + F_{ss} + F_{st}$，$F_t = F_{tr} + F_{ts} + F_{tt}$，每一项分别代表每个国家的最终消费品，并且等号右边代表最终消费品的去向。同时，为了下述逻辑表达，我们也给出了每个国家的最终消费列向量，包含消费本国的最终消费品与进口其他国家的最终消费品。$f_r = (F_{rr}, F_{sr}, F_{tr})$，$f_s = (F_{rs}, F_{ss}, F_{ts})$，$f_t = (F_{rt}, F_{st}, F_{tt})$。根据 Stehrer（2012）对出口贸易附加值的核算方法，出口贸易附加值需要基于终端目的国家的消费核算，r 国出口到 s 国的附加值需要核算 s 国的最终消费中来自 r 国的价值增加部分。S 国最终消费中包含的 r 国的附加值主要由三部分组成：首先，s 国从 r 国进口的最终消费品中包含的 r 国所创造的价值；其次，s 国的最终商品中所进口的 r 国的中间商品所创造的价值；最后，t 国出口到 s 国的最终消费品中，使用到 r 国的中间商品，这部分中间商品所创造的价值。

具体到详细的计算公式：

$$EX_{rs} = (v^r,\ 0,\ 0) \begin{bmatrix} L_{rr} & L_{rs} & L_{rt} \\ L_{sr} & L_{ss} & L_{st} \\ L_{tr} & L_{ts} & L_{tt} \end{bmatrix} \begin{pmatrix} F_{rs} \\ F_{ss} \\ F_{ts} \end{pmatrix} \qquad （式 3-4）$$

将式 3-4 展开即可得到 $Ex_{rs} = v^r L_{rr} F_{rs} + v^r L_{rs} F_{ss} + v^r L_{rt} F_{ts}$。其中，$v^r = V_r / X_r$，该式表示 r 国生产过程中的国内价值增加值率。$v^r L_{rr} F_{rs}$ 表示 s 国进口 r 国最终消费品中包含的 r 国的附加值；$v^r L_{rs} F_{ss}$ 表示 s 国消费本国的最终商品中，本国最终商品用到的 r 国中间商品所创造的价值；$v^r L_{rt} F_{ts}$ 表示 s 国消费 t 国的最终商品中，t 国进口 r 国的中间商品所创造的价值。

以此类推，我们可以得到 r 国出口到 t 国与 s 国出口到 t 国的出口贸易附加值。再次以 r 国出口到 t 国的出口贸易附加值为例，双边出口贸易附加值核算由目的国的最终消费品决定，包含三部分内容：首先，r 国出口到 t 国的最终消费品中包含的 r 国创造的价值；其次，r 国出口到 t 国的中间商品包含的 r 国创造的价值；最后，t 国进口的 s 国最终商品中，这些商品生产过程中进口的 r 国的中间商品包含的 r 国创造的价值。具体计算公式：

$$EX_{rt} = (v^r,\ 0,\ 0) \begin{bmatrix} L_{rr} & L_{rs} & L_{rt} \\ L_{sr} & L_{ss} & L_{st} \\ L_{tr} & L_{ts} & L_{tt} \end{bmatrix} \begin{pmatrix} F_{rt} \\ F_{st} \\ F_{tt} \end{pmatrix} \qquad （式 3-5）$$

里昂惕夫逆矩阵不再发生变化，具体到哪个国家的附加值计算，需要将附加值率调整到哪个国家，并放置到相应位置中，而第三部分的最终消费品向量需要基于出口目的国家的最终消费品向量，将上式展开即可得到相应的三部分内容。

本书的研究内容除了需要用到双边出口贸易附加值的数据之外，还要用到一国对多国与一国对所有其他国家的出口贸易附加值数据。我们仍然以三国模型为例，由于在三国模型中，一国出口其他两个国家与一国出口其他所有国家具有相同的逻辑，因此为了逻辑叙说的便利，我们仅以一国出口到其他两个国家为例。所有假设条件不变，仍然按照以上三个国家 r、s、t，我们核算 r 国出口到 s 国与 t 国的贸易附加值。如果单独核算 r 国出口到 s 国与 r 国出口到 t 国的贸易附加值，然后再将两者加总，也不失为一种很好的方法。但是 WIOD 数据库提供了几十个经济体的投入产出数据矩阵，这种方法显然不能满足当前大数据量的要求。根据矩阵的合并运算，我们将计算 r 国出口到 s 国与 r 国出口到 t 国的贸易附加值合并，得到以下公式：

$$EX_{rt} = (v^r, \ 0, \ 0) \begin{bmatrix} L_{rr} & L_{rs} & L_{rt} \\ L_{sr} & L_{ss} & L_{st} \\ L_{tr} & L_{ts} & L_{tt} \end{bmatrix} \begin{pmatrix} F_{rs} + F_{rt} \\ F_{ss} + F_{st} \\ F_{ts} + F_{tt} \end{pmatrix} \qquad （式3-6）$$

该公式可以扩展到一国出口到多国贸易附加值的核算定理，在最终消费品向量中，增加出口目的国的消费向量，加总在原来的基础上便可以得到一国出口多国贸易附加值的核算结果。如果是针对双边的贸易附加值，则将其他国家的最终消费向量删去，只保留最终目的国。

根据以上的计算逻辑，我们可以得到计算一国进口贸易附加值的核算方法。仍然以三国模型为例，国家构成有 r, s, t 三个国家，r 国的进口贸易附加值由 r 国进口 s 国的附加值与 r 国进口 t 国两部分构成。根据基于出口目的国视角的分析，r 国进口 s 国的附加值相当于 s 国出口 r 国的附加价值，r 国进口 t 国的附加值相当于 t 国出口 r 国的附加价值。仍然根据上述核算出口贸易附加值的方法，并将两部分按照矩阵运算合并，得到 r 国从其他两个国家的进口贸易附加值由下式表示：

$$IM_r = (0, \ v^s, \ v^t) \begin{bmatrix} L_{rr} & L_{rs} & L_{rt} \\ L_{sr} & L_{ss} & L_{st} \\ L_{tr} & L_{ts} & L_{tt} \end{bmatrix} \begin{pmatrix} F_{rr} \\ F_{sr} \\ F_{tr} \end{pmatrix} \qquad （式3-7）$$

将式3-7展开得到：

$$IM_r = (v^s L_{sr} + v^t L_{tr}) F_{rr} + (v^s L_{ss} + v^t L_{ts}) F_{sr} + (v^s L_{st} + v^t L_{tt}) F_{tr}$$

展开式由三部分组成，其中第一部分为 r 国消费的终端商品中，其他两个国家提供的中间品附加值；第二部分为 r 国进口 s 国的终端商品中，s 国与 t 国两个国家的附加价值；第三部分为 r 国进口 t 国的终端商品中，s 国与 t 国两个国家的附加价值。由于上式完整描述了一国进口其余所有国家的附加价值，因此针对双边的进口贸易附加值只要将非双边国家的价值增加值率向量中设定为 0 即可。对于产业层面的出口贸易附加值核算，我们参照国家层面出口贸易附加值核算。进一步的核算模型由下一节介绍。

3.4　产业层面出口贸易附加值核算

总量层面出口贸易附加值的核算逻辑在上述第三节已经详细介绍过，而为了窥探经济体出口贸易附加值在产业分布中的结构，分产业出口贸易附加值的核算显得很有必要。尤其在涉及经济体经济增长问题时，出口贸易附加值在产业中的不同分布将会对经济增长产生不同的影响。以巴西、阿根廷、泰国为例，这几个长期维持中等收入阶段的国家，其出口贸易附加值主要集中于农业大类，占总出口贸易附加值比重较高；而德国、日本、法国这几个典型的老牌发达资本主义国家，其出口贸易附加值主要集中在工业部门与高端服务业，且工业部门中的成熟产业占比也较低。为了研究附加值的产业分布结构对经济增长的影响，必须首先核算出口贸易附加值产业层面的数据。仍然基于总量出口贸易附加值的核算思想，继续采用核算总量出口贸易附加值的模型，采用三国模型，但是每个国家存在两个部门。核算产业层面出口贸易附加值的逻辑仍然需要基于核算总量层面的思想。

根据世界非竞争性投入产出表的基本关系，仍然可以写出投入产出的基本关系式：

$$X = AX + F = LF \tag{式 3-8}$$

式 3-8 中，X 为 $6*1$ 的总产出向量，F 为 $6*1$ 的最终商品产出向量，最终商品产出向量中的每一个元素包括三部分的加总，经济体每个行业所生产的最终商品都要供给三个国家，所以为三部分的加总，即 $F_{i_x} = F_{ir_x} + F_{is_x} + F_{it_x}$，$L = (I - A)^{-1}$ 仍然表示里昂惕夫逆矩阵。

首先核算经济体单一行业总出口贸易附加值，以国家 r 行业 a 出口到 s 国与 t 国的出口贸易附加值为例，仍然基于出口目的国的视角，国家 r 行业 a 出口到 s 国与 t 国的出口贸易附加值包括三部分内容：r 国 a 行业出口到 s 国与 t

国的最终消费品中包含的 r 国创造的价值；r 国 a 行业出口到 s 国与 t 国的中间商品中包含的 r 国创造的价值；s 国进口 t 国的最终商品中来自 r 国 a 行业的附加价值与 t 国进口 s 国的最终商品中来自 r 国 a 行业的附加价值。具体核算公式由下式表示：

$$Ex_{r_a} = (v_{r_a}, 0, 0, 0, 0, 0) \begin{bmatrix} L_{rr_{aa}} & L_{rr_{ab}} & L_{rs_{aa}} & L_{rs_{ab}} & L_{rt_{aa}} & L_{rt_{ab}} \\ L_{rr_{ba}} & L_{rr_{bb}} & L_{rs_{ba}} & L_{rs_{bb}} & L_{rt_{ba}} & L_{rt_{bb}} \\ L_{sr_{aa}} & L_{sr_{ab}} & L_{ss_{aa}} & L_{ss_{ab}} & L_{st_{aa}} & L_{st_{ab}} \\ L_{sr_{ba}} & L_{sr_{bb}} & L_{ss_{ba}} & L_{ss_{bb}} & L_{st_{ba}} & L_{st_{bb}} \\ L_{tr_{aa}} & L_{tr_{ab}} & L_{ts_{aa}} & L_{ts_{ab}} & L_{tt_{aa}} & L_{tt_{ab}} \\ L_{tr_{ba}} & L_{tr_{bb}} & L_{ts_{ba}} & L_{ts_{bb}} & L_{tt_{ba}} & L_{tt_{bb}} \end{bmatrix} \begin{pmatrix} 0 + F_{rs_a} + F_{rt_a} \\ 0 + F_{rs_b} + F_{rt_b} \\ 0 + F_{ss_a} + F_{st_a} \\ 0 + F_{ss_b} + F_{st_b} \\ 0 + F_{ts_a} + F_{tt_a} \\ 0 + F_{ts_b} + F_{tt_b} \end{pmatrix}$$

（式 3-9）

式 3-9 中，$v_{r_a} = V_{r_a} / X_{r_a}$，表示 r 国 a 行业的附加值率，将上式展开可以得到：

$$EX_{r_a} = v_{r_a} L_{rr_{aa}} (F_{rs_a} + F_{rt_a}) + v_{r_a} L_{rr_{ab}} (F_{rs_b} + F_{rt_b}) +$$
$$v_{r_a} L_{rs_{aa}} (F_{ss_a} + F_{st_a}) + v_{r_a} L_{rs_{ab}} (F_{ss_b} + F_{st_b}) +$$
$$v_{r_a} L_{rt_{aa}} (F_{ts_a} + F_{tt_a}) + v_{r_a} L_{rt_{ab}} (F_{ts_b} + F_{tt_b})$$

出口贸易行业附加值不同于国家层面附加值，展开式存在六项，根据上述对行业层面出口贸易附加值的描述为三部分，而展开式的六项是对三部分的进一步细化。第一项为 s 国与 t 国进口的 r 国 a 行业最终商品中所包含的价值增值；第二项为 s 国与 t 国进口的 r 国 b 行业最终商品，而 b 行业用到 a 行业的中间商品中的价值增值部分；第三项为 s 国与 t 国使用的 s 国 a 行业的最终商品中包含的 r 国 a 行业中间商品创造的价值增值部分；第四项为 s 国与 t 国使用的 s 国 b 行业的最终商品中包含的 r 国 a 行业中间商品创造的价值增值部分；第五项为 s 国与 t 国使用的 t 国 a 行业的最终商品中包含的 r 国 a 行业中间商品创造的价值增值部分；第六项为 s 国与 t 国使用的 t 国 b 行业的最终商品中包含的 r 国 a 行业中间商品创造的价值增值部分。

对于双边的行业出口贸易附加值核算，其逻辑思路与国家层面出口贸易附加值核算相同，针对哪个国家的出口贸易附加值，在最终商品向量中，每一项只保留目的国家最终商品即可。根据国家总出口贸易附加值与分行业出口贸易附加值的关系，总出口贸易附加值应该等于分行业出口贸易附加值的加总，通过矩阵运算，我们可以进一步验证核算逻辑框架的合理性，具体的运算步骤不再展示。

3.5　中间品出口贸易附加值核算

仍然基于以上模型，变换里昂惕夫逆矩阵，可进一步核算 r 国出口到 s 国中间品所创造的附加值，如下式所示：

$$Ex_{In-Tiva\,(rs)} = (v^r,\ 0,\ 0) \begin{bmatrix} 0 & L_{rs} & L_{rt} \\ 0 & L_{ss} & L_{st} \\ 0 & L_{ts} & L_{tt} \end{bmatrix} \begin{pmatrix} F_{rs} \\ F_{ss} \\ F_{ts} \end{pmatrix} \qquad （式 3-10）$$

再次以 r 国出口到 t 国的出口贸易附加值为例，具体计算公式如下：

$$Ex_{rt} = (v^r,\ 0,\ 0) \begin{bmatrix} L_{rr} & L_{rs} & L_{rt} \\ L_{sr} & L_{ss} & L_{st} \\ L_{tr} & L_{ts} & L_{tt} \end{bmatrix} \begin{pmatrix} F_{rt} \\ F_{st} \\ F_{tt} \end{pmatrix} \qquad （式 3-11）$$

进一步，r 国出口到 t 国的中间商品创造的附加值由下式表示：

$$Ex_{In-Tiva\,(rt)} = (v^r,\ 0,\ 0) \begin{bmatrix} 0 & L_{rs} & L_{rt} \\ 0 & L_{ss} & L_{st} \\ 0 & L_{ts} & L_{tt} \end{bmatrix} \begin{pmatrix} F_{rt} \\ F_{st} \\ F_{tt} \end{pmatrix} \qquad （式 3-12）$$

核算一国中间品出口所创造的价值，在总量出口附加值基础上，将里昂惕夫逆矩阵第一列设定为零。基于上述总量层面、双边层面以及分产业的出口贸易附加值核算方法，下一节对出口贸易附加值的部分核算结果进行了展示，并与总量出口贸易数据进行了对比，同时在横向国家间进行了对比。

3.6　附加值核算结果部分展示及分析

基于以上核算出口贸易附加值的方法，从国家总量层面、产业层面与国家与国家之间的双边出口贸易附加值三个维度核算了各国的出口贸易附加值数据。其数据涵盖 1995—2014 年，由于世界投入产出数据库提供了 2014 年与 2016 年两套世界非竞争性投入产出表，两套数据分别提供了 2000—2011 年的世界非竞争性投入产出表，重合部分的数据我们利用产业细化更翔实的 2016 年发布的数据。我们列示了典型经济体出口贸易总量附加值，并与其出口贸总量数据进行对比分析，同时我们也列示了不同经济体出口贸易附加值的产业构成情况，具体见下表所示。

表3.2　典型发达国家出口额及附加值额　　　　（单位：万美元）

美国			德国			日本		
年份	总量	附加值	年份	总量	附加值	年份	总量	附加值
1995	765225.2	684736.9	1995	577907.2	482992.7	1995	483962.1	456533
1996	816263.6	728052.7	1996	581114.5	485260.9	1996	455957.5	426586.4
1997	902571.2	802626	1997	569372.7	470655.3	1997	464289.4	433161.8
1998	864155.9	768666.6	1998	600858.5	493277.6	1998	422241.2	397267.5
1999	889289	783634.9	1999	600302.9	487875.3	1999	449039.9	423364.1
2000	982508.9	810371.3	2000	614536.9	477709.2	2000	512774.8	478587.5
2001	924669.2	768811.8	2001	636044.3	494383.3	2001	433152.1	404110.8
2002	903145	752272.2	2002	695201.3	546018.8	2002	446074.5	417055.6
2003	945047.2	780842.7	2003	839065.9	656528.7	2003	508743.9	474236.3
2004	1073132	873632.4	2004	1007507	790018.1	2004	613148.3	564963
2005	1187012	960411.8	2005	1096000	837827.8	2005	653686.4	595339.2
2006	1348900	1095686	2006	1258715	934392.2	2006	703104.2	630331.4
2007	1530925	1250175	2007	1510356	1128129	2007	772058.4	685965.3
2008	1641833	1371936	2008	1671980	1231705	2008	861051.2	751241.1
2009	1402113	1198821	2009	1265888	999350.1	2009	640035.9	582598.8
2010	1634450	1371895	2010	1391739	1074551	2010	835356.3	750604.5
2011	1841075	1548138	2011	1602979	1226590	2011	895486.4	791415.4
2012	1832361	1607683	2012	1547390	1174485	2012	874812	771446.4
2013	1866767	1640963	2013	1623267	1240240	2013	795731	692658.4
2014	1927091	1693774	2014	1682252	1289783	2014	817609	703002.2

表 3.3　金砖经济体出口额及其附加值额　　　　（单位：万美元）

中国			印度			俄罗斯			巴西		
年份	总量	附加值	年份	总量	附加值	年份	总量	附加值	年份	总量	附加值
1995	167973.7	146256.7	1995	42069.8	36576.74	1995	80231.69	73374.66	1995	55919.07	49151.28
1996	171683.5	151870.5	1996	44177.13	38549.49	1996	87440.33	80086.82	1996	55162.18	48709.77
1997	207238.7	182379.5	1997	47419.92	41342.02	1997	84506.55	76938.48	1997	59446.53	52585.17
1998	207431.5	185575.5	1998	49445.89	43008.92	1998	88111.64	79297.2	1998	58540.87	51812.3
1999	218500.6	193089.8	1999	54831.04	47084.32	1999	71134.28	62876.14	1999	55558.94	47947.88
2000	279546.7	227696.7	2000	67523.33	53345.04	2000	95473.58	84673.19	2000	64412.28	55029.91
2001	299418.5	245399.5	2001	66714.84	53945.58	2001	93529.63	81905.97	2001	67952.38	57255.79
2002	365404.4	297640	2002	77681.82	63325.19	2002	101339.5	90449.57	2002	73652.59	62271.79
2003	485016.2	386752.4	2003	88039.8	74462.7	2003	125761.4	112732.6	2003	83307.25	71372.25
2004	655829.1	514495.9	2004	123624.5	101220.6	2004	170382.9	151508.8	2004	109195	92137.35
2005	836718.7	653873.4	2005	157500.1	129290.3	2005	221571.2	197108.2	2005	134029.8	114030.8
2006	1061578	831631	2006	197729.7	159481	2006	277141.2	247318.3	2006	156508.1	133211.9
2007	1342004	1052833	2007	242248.7	190281.3	2007	318229.3	294923.9	2007	182673.1	155967.4
2008	1580669	1259377	2008	256382	203506	2008	413592.1	393151.2	2008	225615.3	188529.6
2009	1332256	1101975	2009	225984.1	182930.1	2009	278020.6	267024.8	2009	176734.1	153539.3
2010	1741765	1411318	2010	294404.1	256627.8	2010	361157.3	341914.2	2010	231049.2	199509.4
2011	2084043	1687548	2011	325273.1	291470.6	2011	471051.3	434781	2011	292211.8	251422.9
2012	2156117	1807688	2012	357325	287428.6	2012	516076	448692.5	2012	288507	240452.3
2013	2293013	1931411	2013	380886	310189.4	2013	518834	447151.5	2013	287593	238798.3
2014	2425463	2075550	2014	369456	304262.7	2014	493789	423341.3	2014	270262	224761.9

表 3.4 陷入 "中等收入陷阱" 的经济体出口额及其附加值额

（单位：万美元）

印度尼西亚			波兰			墨西哥		
年份	总量	附加值	年份	总量	附加值	年份	总量	附加值
1995	54138.28	46250.27	1995	32273.09	26495.76	1995	80757.95	67214.29
1996	61053.37	52386.24	1996	34981.33	28371.22	1996	99275.96	81131.01
1997	64405.6	54738.66	1997	36927.27	29853.06	1997	113398	92327.27
1998	49432.08	39398.48	1998	44720.54	35592.25	1998	121689.8	98816.36
1999	51847.5	43976.02	1999	40164.02	31915.13	1999	140102.4	113770.3
2000	65346	57446.69	2000	46634.03	34992.01	2000	170880.4	139943.7
2001	64403.92	53572.29	2001	51317.56	39674.12	2001	162550.6	135743.5
2002	65531.77	56036.69	2002	55901.69	42692.38	2002	165015.3	139160.6
2003	73609.86	63634.02	2003	71127.06	52773.96	2003	168192.9	140813.9
2004	81307.37	71815.79	2004	93780.53	64368.62	2004	191138.7	159125.5
2005	93584.99	82850.15	2005	112144.9	78353.94	2005	218309.9	182763.1
2006	112151.7	99432.85	2006	137120.6	93898.2	2006	251495.9	212385.4
2007	125023.8	112192.7	2007	174806.2	116687.5	2007	275760.1	231318
2008	149286.1	132644.7	2008	213238.3	143523.3	2008	284015.9	246146.4
2009	129477.3	119354.4	2009	165890	121291.3	2009	219208.3	194877
2010	169657.7	157158.5	2010	191581.4	139658	2010	286285.3	244025.5
2011	215944.9	199527.6	2011	226830.7	160062.2	2011	343625.1	280931.8
2012	225859	190426.5	2012	214610.3	155823.7	2012	352024.9	287769.8
2013	219713	184567.5	2013	234618.1	171939.5	2013	362137.7	298721.8
2014	210599	176804.7	2014	251641.5	183065.1	2014	368185.2	303802

基于以上核算数据，出口附加值额要小于出口贸易总额。产品内贸易阶段，经济全球化向纵深方向发展的表现是越来越多中间品进口，经济体出口商品中含有大量国外中间品创造的价值。由于不同经济体在经济规模与嵌入世界分工体系的程度存在明显区别，因此出口贸易附加值占总量出口贸易的比重在各经济体分布中具有异质性。出口贸易附加值仅仅体现了经济体从出口贸易中获得的收益，出口贸易规模越大，出口贸易附加值含量必然越高。正如出口贸易数量仅仅体现一国出口贸易的规模，出口贸易附加值也只能反映经济体从出口贸易中获得的收益规模，但是创造出口贸易附加值的产业分布却决定着经济体出口贸易的质量，进而对经济增长产生影响。Mazumdar（2002）认为贸易对经济体经济增长的效果取决于经济体本身的出口贸易结构，由于出口商品附加值在各产业之间存在较大差异，高技术含量商品附加价值较高，经济体出口单位高技术商品将获得更大的收益。而传统行业的出口并没有太高的附加价值，对于经济增长的正向促进作用有限。因此，进一步观察各国出口贸易附加值的产业构成很有必要。下表展示了部分经济体出口贸易附加值的产业构成状况，由于篇幅有限，仅仅展示 2014 年部分典型经济体出口贸易附加值的产业构成状况，同时工业部门的产业划分按照 OECD 的划分标准，剩余行业划分为农业部门与服务业部门。

表3.5　部分经济体出口附加值结构　　　　（单位：万美元）

国家 部门	中国		德国		巴西		韩国	
	附加值	占比	附加值	占比	附加值	占比	附加值	占比
农业部门	53298.7	2.05%	12400.8	1.19%	45907.8	17.44%	1235.0	0.29%
低技术部门	529144.9	20.35%	55732.9	5.35%	88659.3	33.68%	25227.0	5.94%
中低技术部门	676192.6	26.00%	147228.2	14.13%	30385.9	11.54%	74704.6	17.59%
中高技术部门	393043.0	15.11%	328465.8	31.53%	14016.9	5.32%	128600.9	30.29%
高技术部门	431523.1	16.59%	266764.5	25.60%	44767.8	17.01%	121632.4	28.65%
服务业部门	517440.7	19.90%	231259.1	22.20%	39512.9	15.01%	73199.7	17.24%

为了进一步凸显中国、德国、巴西、韩国四个典型经济体出口贸易附加值的部门构成比例区别，下图展示了这四个经济体出口贸易附加值部门构成的饼状图。

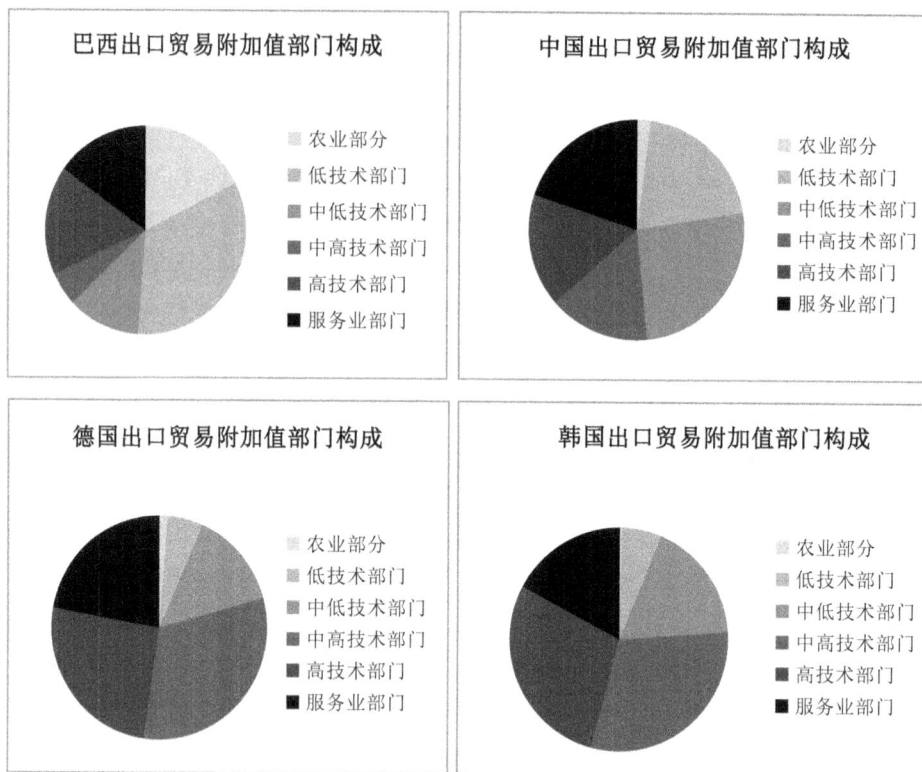

图3.1 典型经济体出口贸易附加值部门构成饼状图

中国、巴西、德国、韩国分别代表金砖经济体、陷入"中等收入陷阱"的经济体、发达经济与新兴经济体，探究这四个典型经济体出口贸易附加值的部门结构在一定程度上可以反映四类经济体出口贸易附加值产业的构成。巴西出口贸易附加值构成中，农业部门贡献最大，其次是低技术部门，农业部门与低技术部门出口附加值占据了巴西出口贸易附加值的半壁江山。中国农业部门出口附加值占比已经降低到发达国家的水平，由于中国人口众多，农业部门产出主要用于满足本国居民需求，政府政策引导与保持本国粮食安全的需要导致中国农业部门出口总量较低。除农业部门以外，中国出口贸易附加值产业构成相对较为分散，但主要集中于低技术部门与中低技术部门。德国出口贸易附加值主要集中于中高技术部门、高技术部门与服务业部门，这三个部门创造的附加值占据了德国出口贸易附加值的80%。韩国的状况与德国类似，但是中低技术部门所占比重略高于德国，而服务业部门所占比重略低于德国。整体而言，德国出口贸易附加值的行业构成更加科学合理。

第4章 "ELG" 分析的模型设定与数据说明

本书主要开展不同经济体出口贸易对经济增长影响的研究，第 3 章中测算的出口贸易附加值已经为实证分析奠定了核心数据基础。产品内贸易阶段出口对经济增长的研究需要建立在计量模型的基础上，在模型设定的基础上需要对模型中的控制变量以及剩余变量进行说明。本章内容将对本书研究的模型设定与数据说明展开详细介绍。

4.1 模型设定

4.1.1 出口对 GDP 的影响模型

本书主要考察产品内贸易阶段出口对经济增长的影响，基于古典贸易理论，出口贸易作为外部市场的需求，将快速带动本国生产能力的提升，进而促进 GDP 总量的增长。而需求引致的 GDP 增长被古典经济学家视作短期经济增长，因此首先应对出口附加值的增长与 GDP 之间进行计量分析，以观察出口贸易对短期经济增长的影响。以此作为模型一，基本的模型设定如下：

$$GDP_{it} = c + \alpha\, Ex_{it} + \beta\, Contral_{it} + \varepsilon_{it} \qquad (式4-1)$$

式 4-1 中，GDP_{it} 表示各国历年人均 GDP，Ex_{it} 表示各国历年人均出口贸易附加值，$Contral_{it}$ 表示控制变量。根据古典经济增长理论的索洛模型，技术进步可以在不增加生产要素投入的基础上提高产出水平，而技术进步主要与研发投入有关，因此引入研发投入作为控制变量；而索洛模型中，物质资本存量与劳动力数量是主要的生产要素投入类型，因此进一步引入物质资本存量放入控制变量中；由于被解释变量与核心解释变量的指标都已人均化处理，所以劳动力数量不再引入控制变量中；自 1960 年舒尔茨与贝克尔提出人力资本理论之后，劳动力的质量对经济增长的重要性越来越突出，尤其是德国、日本二战前培养的大量高素质劳动力对其经济腾飞意义重大，因此继续引入人力资本水平作为劳动力质量的控制变量；在经济全球化背景下，外资进入在弥补本国资本稀缺的条件下将刺激经济增长，尤其是对于资本短缺的发展中经济体，因此继续引入 FDI 作为控制变量；要素需要在生产过程中结合，而资源配置过程将影响到要素结合的效率，市场经济普遍被认为是当今最有效率的资源配置方式，将会对经济增长产生影响，因此将市场化程度放入控制变量中；涉及人均 GDP 的影响因素中，天赋物权的自然资源丰裕程度也将影响到经济发展水平，尤其是以加拿大、澳大利亚以及中东产油国为代表的资源充裕经济体，因此将人均自然要素禀赋加入控制变量中。展开控制变量的模型设定如下：

$$GDP_{it} = c + \alpha\, Ex_{it} + \beta_1\, R\&D_{it} + \beta_2\, PCapital_{it} + \beta_3\, HCapital_{it} + \beta_4\, FDI_{it} +$$
$$\beta_5\, Market_{it} + \beta_6\, Endow_{it} + \varepsilon_{it} \tag{式4-2}$$

式 4-2 中，R&D 表示各国的研发支出占 GDP 比重，PCapital 表示各国人均物质资本存量，HCapital 表示各国的人均人力资本水平，FDI 表示各国当年使用的外资数量占 GDP 比重，Market 表示各国历年的市场化发展水平，Endow 表示各国历年的人均生产要素禀赋量。由于部分变量绝对值较大，考虑到实证分析的准确性，将绝对值较大的变量取对数，具体模型为：

$$lnGDP_{it} = c + \alpha\, lnEx_{it} + \beta_1\, R\&D_{it} + \beta_2 ln\, PCapital_{it} + \beta_3\, HCapital_{it} + \beta_4\, FDI_{it} +$$
$$\beta_5\, Market_{it} + \beta_6 ln\, Endow_{it} + \varepsilon_{it} \tag{式4-3}$$

4.1.2 出口对技术进步的影响模型

古典经济增长模型中，短期经济增长由需求拉动，表现在经济体当期产出数量，而需求带动的上游生产是大量生产要素的投入，但要素的稀缺性与有限性决定了经济增长的不可持续性。如果没有技术进步的改善，经济增长最终将趋于稳态。而长期经济增长由经济体的增长潜力决定，在有限生产要素投入的基础上将获得更长久的增长。以 Romer（1987）为代表的新经济增长理论即内生经济增长理论，立足于长期增长的视角，其认为技术进步是长期经济增长的核心，经济体全要素生产率的提升是长期可持续增长的关键。从内生经济增长的视角出发，研究出口对长期经济增长的影响将更加全面反映出口贸易对经济增长的影响，尤其是发达国家的出口贸易，其对经济增长的带动作用不仅仅是需求的刺激，更是对生产效率与技术进步的促进。基于新经济增长理论的视角考察经济增长，进一步考虑出口对技术进步的影响。以此作为模型二，基本模型设定如下：

$$TFP_{it} = c + \alpha\,Ex_{it} + \beta\,Contral_{it} + \varepsilon_{it} \qquad\qquad (\text{式 4-4})$$

式 4-4 中，TFP_{it} 表示各国历年全要素生产率水平，Ex_{it} 表示各国历年人均出口贸易附加值，$Contral_{it}$ 表示控制变量。根据前期学者对技术进步影响因素的研究，各国研发投入是影响全要素生产率水平的核心控制变量；教育投入在提升经济体人力资本水平，进而促进技术进步的同时，也通过校企合作以及课题项目研发的形式提升了本国的技术水平，因此将教育投入作为控制变量之一；除了本国的研发投入之外，国外的研发溢出也是影响经济体技术进步的重要路径（李平，2006）。进口贸易可以通过技术溢出与扩散实现进口国技术进步（Lichtenberg & Van Pottelsberghe，1996；Coe et al.，1997；Crespo et al.，2002；李平，2002），进一步将进口贸易作为 TFP 的重要影响因素；FDI 的进驻通过刺激内资企业的竞争投入与产业关联影响内资企业的生产率水平（王红领等，2006；Feinberg & Majumdar，2001），因此将 FDI 引入控制变量中。国外专利申请也会对本国的技术进步产生正向的技术溢出与扩散效应（Eaton & Kortum，1996；Xu & Chiang，2005），同时将国外专利申请加入控制变量中；计划与市场是两种资源配置的路径，但是相比计划经济，市场经济利用价格来引导商品生产与生产要素流动更有效率，在有限资源的约束下，可以充分发挥生产要素的积极性，释放单位生产要素更高的边际产出，从而提升全要素生产率水平，因此仍然将经济体的市场化程度纳入控制变量中。展开控制变量的模型设定如下：

$$TFP_{it} = c + \alpha\,Ex_{it} + \beta_1\,R\&D_{it} + \beta_2\,Education_{it} + \beta_3\,Import_{it} + \beta_4\,FDI_{it} + \beta_5\,Patent_{it} + \beta_6\,Market_{it} + \varepsilon_{it} \qquad\qquad (\text{式 4-5})$$

式 4-5 中，$Education$ 表示各国历年的教育投入量占 GDP 比重，$Import$ 表示各国历年的进口贸易占 GDP 比重，$Patent$ 表示各国历年人均国外专利申请量，其他变量与上文描述一致。对绝对值较大变量取对数，进一步设定模型如下：

$$TFP_{it} = c + \alpha\ln Ex_{it} + \beta_1\,R\&D_{it} + \beta_2\,Education_{it} + \beta_3\,Import_{it} + \beta_4\,FDI_{it} + \beta_5\,Patent_{it} + \beta_6\,Market_{it} + \varepsilon_{it} \qquad\qquad (\text{式 4-6})$$

出口贸易附加值总量数据仅仅反映了经济体出口贸易的总收益，而出口贸易的质量却不能从出口贸易附加值的总量数据中反映，形成出口贸易附加值总量的出口贸易结构却可以在一定程度上反映经济体出口贸易的质量状况。基于 OECD 对 ISIC.3 的行业分类，进一步观察各产业出口贸易附加值占比对技术进步的影响，考察不同产业出口附加值占比对技术进步的影响。以此作为模型三，基本设定如下：

$$TFP_{it} = c + \alpha\ln Ex_{it} + \gamma\ln\frac{Industry_{it}}{Ex_{it}} + \beta_1\,R\&D_{it} + \beta_2\,Education_{it} + \beta_3\,Import_{it} +$$

$$\beta_4\,FDI_{it} + \beta_5\,Patent_{it} + \beta_6\,Market_{it} + \varepsilon_{it} \qquad\qquad (式4\text{-}7)$$

式4-7中，$ln\dfrac{Industry_{it}}{Ex_{it}}$ 表示各产业部门出口贸易附加值占总出口贸易附加值的比重，其他变量如上文所述。在经济增长过程中，出口贸易附加值的总量代表了经济体从出口贸易中获得的真实收益，出口贸易附加值总量的产业结构构成代表了出口贸易的质量，而出口贸易附加值的出口市场构成进一步说明了出口国的双边贸易关系。根据全球价值链分工与产品内贸易的发展事实，发展中国家与发达国家之间的双边贸易关系中，发达经济体会从国际生产体系中获益更多，而发展中国家作为国际生产体系的从属地位，获益相对较少。而南南合作中的发展中国家之间的贸易，将是另一番情况。经济发展水平相当的国家之间进行贸易更加公平，获益相对均衡，其对经济增长的影响更加明显。仍然基于新经济增长理论技术进步的视角，进一步区分出口贸易附加值的目的地，将出口贸易附加值目的地构成区分为发达经济体、发展中经济体、金砖经济体与新兴经济体四种类型，以观察出口目的地区别对技术进步的影响。作为模型四，具体模型设定如下：

$$TFP_{it} = c + \alpha\,lnEx_{it} + \gamma ln\frac{District_{it}}{Ex_{it}} + \beta_1\,R\&D_{it} + \beta_2\,Education_{it} + \beta_3\,Import_{it} +$$
$$\beta_4\,FDI_{it} + \beta_5\,Patent_{it} + \beta_6\,Market_{it} + \varepsilon_{it} \qquad\qquad (式4\text{-}8)$$

式4-8中，$ln\dfrac{District_{it}}{Ex_{it}}$ 表示不同目的地出口贸易附加值占总出口贸易附加值比重，其他变量如上文所述。

4.2　相关变量测算与说明

4.2.1　部分变量说明

1. 核心变量说明

本书实证分析中需要用到二维被解释变量，经济增长分为经济增长的数量与质量两个维度，经济增长数量用人均 GDP 表示，而经济增长质量用经济体全要素生产率表示。

2. 产业分类标准

基于全球价值链分工的视角,发达经济体占据上游研发与下游售后服务、营销环节,也契合发达国家以高端制造业、研发、高端服务业为主的产业体系,但发展中国家主要占据以加工环节、粗放生产要素投入为主的生产环节。虽然两类生产环节都是商品生产的必要环节之一,但是从经济增长的视角,两类生产环节受益于经济增长的程度却有天壤之别。基于以上分析,对出口贸易附加值行业构成的研究可以反映经济体在全球价值链分工中的地位,在一定程度上可以代表一国出口贸易的质量。出口贸易附加值所在行业构成中,高技术行业出口贸易附加值占比较高,其代表了该国处于全球价值链分工的上游环节,具有掌控全球价值链的能力;而低技术行业出口贸易附加值占比较高,则代表了该国处于全球价值链分工的下游环节。低技术行业属于发展中国家密集使用本国低端生产要素参与全球价值链分工的行业,从属地位所获得的附加值耗费了大量的生产要素,是一种质量较低的出口贸易模式。因此,为了表示出口附加值的质量,首先要将创造出口附加值的行业进行产业归并,同时界定 WIOD 数据库中 35 个行业的产业分类。

关于行业的技术分类,世界主要经济体及国际组织都做了大量工作。目前学术界用的现成的分类标准主要有三个:美国 ATP 目录、OECD 技术产品分类标准、中国高技术产品目录。产业技术分类标准也基本大同小异,但是也有学者自己界定行业的技术分类,大体主要以定性判断与定量测度两种方法为主:定性判断较为自由,主观性比较强,与严谨的学术研究相悖;而定量测度相对科学,但是测度的标准与量化模型的合理性也决定了定量界定行业技术分类的质量。OECD 基于各产业 R&D 资本的投入水平将各产业区分为高技术产业、中高技术产业、中低技术产业与低技术产业四大类,Lall(2000)进一步基于 OECD 的定量分析方法将产业分为 10 类,国内学者也有采用该定量分析标准(江小涓,2007;杨汝岱、姚洋,2008)。而另一种定量界定产业技术分类的方法是基于产品的技术复杂度来归并行业的技术水平,进而界定行业的技术分类,Hausmann(2005)是该方法的先驱。但是在产品内贸易阶段,一国的产品技术复杂度很可能是由 FDI 推动的,因此并不能反映经济体从产业中的获益水平。Rodrik(2006)采用 Hausmann 的方法计算发现,中国出口商品的技术水平已经远远高于同等发展水平的国家,甚至高于部分发达经济体,显然该方法作为行业分类标准有失准确性。

相比以上分类标准,本书认为 OECD 的界定标准相对科学,而且其产业分类主要基于 ISIC 的行业分类标准,与 WIOD 数据库的行业分类标准较为一致。其用研发经费强度来界定产业的技术分类更多地基于产业长期发展的考虑,同时研发经费投入强度是产业发展对市场需求的反馈，并且由研发经费投入强度界定产业技术分类更有利于动态区分行业的变化发展过程。而由技术复杂度来区分缺少动态视角，过去技术复杂的行业现在有可能已变成非常寻常的技术，缺少动态一致性。因此我们采用 OECD 对行业的分类标准，但是 OECD 的分类标准主要针对 22 个制造业部门，为了研究的全面性，本书将农业部门与服务业部门分别单列，形成 6 类行业分类标准，分别为农业部门、低技术制造业产业部门、中低技术制造业产业部门、中高技术制造业产业部门、高技术制造业产业部门、服务业部门[①]。

4.2.2　全要素生产率的测算

全要素生产率即在有限种生产要素贡献之外，以经济增长的额外贡献，作为经济增长质量的衡量指标，全要素生产率核算已成为经济学研究的核心。该问题被专家学者广泛应用于企业、产业、区域、国别的经济研究，由此测算方法也呈现出多样性的特征。这些测算方法各有优缺点，不同的测算情形需要选择不同的测算方法。由于主要文献对测算 TFP 的方法与逻辑并未达成共识，因此在测算方法的选取上具有很强的主观性。

目前测算 TFP 的主流方法主要有以下两种：最早测算 TFP 的方法是基于索洛模型中的索洛剩余，需要设定生产函数，利用数据对生产函数中的参数进行估算，从而计算生产要素不能解释的剩余经济增长部分，以此作为全要素生产率的衡量指标。该方法的核心在于生产函数设定是否符合实际。随着线性规划与代数知识在经济学领域的大面积应用，非参数估计的方法开始出现，并广泛应用于微观领域的生产效率核算。该方法不需要明确设定生产函数，因此不需要对参数进行计量估计，主要基于对投入与产出的视角分析生产效率的变化。其中，DEA（数据包络分析法）是非参数估计全要素生产率的代表性方法。DEA 数据包络分析法由 Farrell（1957）发明，其假定理想的生产前沿面与生产者现实的生产水平存在生产效率损失，运用非参数线性优化模型测算生产者实际的生产与前沿生产之间的距离，以反映生产者的效率损失情况。该方法又具体细分为不变规模报酬与可变规模报酬的 DEA 模型，在核算较长时间的面板数据 TFP 时，学术界主要认可规模报酬可变的 DEA 模型。因此，我们

---

① 根据 OECD 对行业的技术分类标准与剩余产业的分类，ISIC Rev. 3 所对应的行业分类标准如下：农业部门 r1、r2、r3；低技术产业部门 r4、r5、r6、r7、r8、r9；中低技术产业部门 r10、r13、r14、r15、r16、r22、r23、r25、r27、r28；中高技术产业部门 r11、r18、r19、r20、r21、r24；高技术产业部门 r12、r17、r39、r40、r41、r42、r43、r44、r45、r46、r47、r48、r49；服务业部门 r26、r29、r30、r31、r32、r33、r34、r35、r36、r37、r38、r50、r51、r52、r53、r54、r55、r56。

选择可变规模报酬的 DEA 模型，构造 Malmquist 效率指数作为 TFP 的核算结果，同时在传统资本与劳动两要素的基础上，进一步加入自然资源要素，以规避部分经济体大量使用本国自然资源而造成的 TFP 高估现象。核算各国全要素生产率需要的物质资本存量、劳动力数量、自然资源禀赋、国内生产总值由下文说明。表 4.1 列出了部分经济体历年全要素生产率的核算结果，并用折线图展示了其发展趋势。

表 4.1　典型经济体历年 TFP 核算结果

国家 年份	中国	德国	美国	巴西	韩国
1995	0.103874	1.42147	2.008363	0.537725	0.994096
1996	0.116629	1.370875	2.019371	0.588425	1.045971
1997	0.130642	1.228648	2.152201	0.605127	0.974182
1998	0.133615	1.239805	2.152177	0.576032	0.663931
1999	0.136214	1.221577	2.174327	0.393222	0.853206
2000	0.144738	1.08716	2.208937	0.427857	0.970271
2001	0.153758	1.091825	2.203176	0.365787	0.909296
2002	0.162322	1.171339	2.208491	0.328799	1.02197
2003	0.175523	1.421644	2.251324	0.356107	1.136078
2004	0.196718	1.589234	2.327444	0.41979	1.250923
2005	0.220414	1.603612	2.39722	0.384646	1.44489
2006	0.252766	1.673245	2.451935	0.473588	1.593406
2007	0.308501	1.903226	2.490462	0.589888	1.725887
2008	0.374321	2.066936	2.467333	0.700078	1.515075
2009	0.392665	1.880398	2.390138	0.677172	1.35485
2010	0.439173	1.876216	2.453279	0.886879	1.607803
2011	0.511511	2.065205	2.512405	1.035596	1.722521
2012	0.550809	1.941191	2.566576	0.957085	1.713185
2013	0.587775	2.036603	2.610679	0.945576	1.794001
2014	0.613287	2.087706	2.675398	0.911191	1.908079

部分经济体 TFP 历年变化趋势

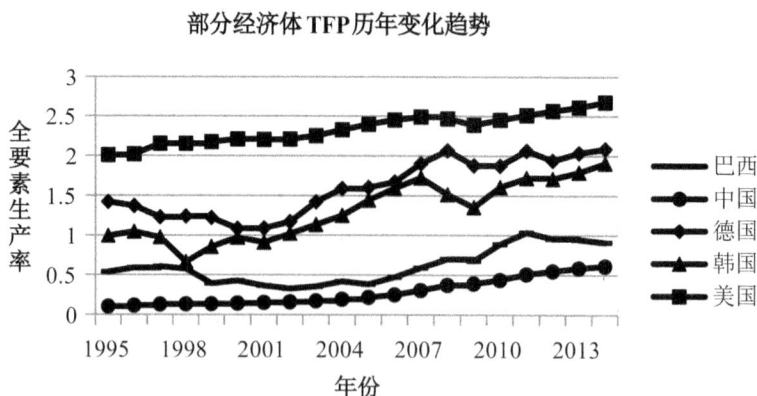

图 4.1　部分经济体 TFP 历年变化趋势

依据表 4.1 与图 4.1 所示，美国作为世界上最大的发达经济体，其全要素生产率水平仍然是最高的，并且表现出异常稳健的发展态势。美国的国内产出已经不再依赖劳动力与物质资本的投入，高端生产要素的集聚使得全要素生产率水平非常高。德国作为欧洲地区最大的经济体，其全要素生产率水平也非常高，但是与美国仍然具有差距。相比美国，德国工业部门是其经济的基础，汽车产业与机械加工与制造等传统工业部门仍然是德国经济的重要支柱，因此物质资本投入对其经济增长的贡献较高，所以除资本与劳动以外的贡献较低。韩国作为新兴经济体的典型代表，其全要素生产率水平经历了一个快速上升的过程，但是相比传统发达经济体，韩国全要素生产率更容易遭受世界性经济危机的冲击，尤其是 2008 年全球金融危机引发的经济危机，导致韩国 TFP 在逐步逼近德国的情况下瞬间失去了优势。巴西与中国作为金砖经济体与全球最大发展中国家的代表，其全要素生产率水平要远远低于发达经济体与新兴经济体的水平。在过去 20 年的经济增长中，中国主要依靠劳动力与低端生产要素投入获得经济的快速增长，在经济增长因素中，技术进步所推动的成分较低，因此中国的 TFP 水平更低。克鲁格曼在 1994 年《外交事务》中发表的《东亚奇迹的神话》也指出了东亚经济增长仅仅是要素投入型的增长模式。巴西早在 20世纪 70 年代便攀升到高收入经济体的边缘，但巴西经济以农业为主，工业基础并不占优势，服务业效率也较为低下，导致巴西全要素生产率水平并不高。21 世纪，巴西经济开始逐渐步入上升通道，技术进步水平与效率逐渐提升，全要素生产率接近于 1 的水平，但是近几年又显示出发展的颓势。

4.2.3 生产要素测算

测算各国历年 TFP 需要用到各国的劳动力、资本存量以及自然资源投入量三种生产要素，尤其在研究国别经济增长问题时，生产要素投入差别十分重要。比如中东国家经济增长主要依赖的石油资源，支撑中国制造业发展的劳动力要素，加拿大、俄罗斯的矿产资源与森林资源，北欧国家旅游业发展所需的旅游资源等。劳动力与资本存量的统计较为成熟，但是自然资源禀赋使用量却没有现成的统计数据与统计方法。下文首先介绍自然资源禀赋使用量的统计。

1. 自然资源禀赋统计

根据数据的可获得性以及自然资源禀赋的种类，本书统计了煤炭、石油、天然气三种能源资源与铁、铜、铝、金、银五种矿产资源，并将经济体自身的产出量作为该类生产要素的使用量。同时将土地资源、渔业资源纳入自然资源范畴进行禀赋量的统计。估算这类生产要素的存量数据作为要素禀赋量，对于经济研究的价值意义不大，基于动态视角，这类生产要素在挖掘的同时，每年又会发现新的储量，因此存量的禀赋量始终处于一个不断变化的状态。相比存量数据，流量数据却可以较好地体现投入生产中的禀赋量。具体数据来源与统计说明如下。

世界各国历年的煤炭生产量来自 2015 年 BP《世界能源统计年鉴》。为了进行经济研究，我们将煤炭用价值量的形式表现。计算各国历年煤炭价值用到的煤炭价格来自 2015 年《世界能源统计年鉴》，该年鉴提供了西北欧市场中煤炭的美元价格与美国中部地区的煤炭价格。总体来讲，美国地区的煤炭市场价格要低于欧洲市场煤炭价格，这与美国煤炭资源丰富、供给充足有极大的关系。由于大宗商品运输成本的下降与期货市场的制约，这两个地区的煤炭价格差别并不大，我们取两者价格的算术平均数作为世界煤炭的价格。

世界各国历年的原油生产量来自 2015 年 BP《世界能源统计年鉴》。该年鉴提供的数据单位为百万吨，而在提供的原油价格中却是以桶来衡量的。当然受制于各个地区原油密度不同，具体的换算单位也存在差别。我们根据维基百科提供的单位换算公式，一吨原油约为 8 桶来进行换算。能源统计年鉴中提供了迪拜、布伦特、福卡多斯、西得克萨斯四个地区的原油价格，但是差别也比较小，这可能与大宗商品运输成本下降与期货市场制约降低不同地区的套利空间有关。因此，取其算术平均数作为世界原油的价格。

世界各国天然气产量来自 2015 年 BP《世界能源统计年鉴》。相比煤炭、石油等易于运输的大宗商品而言，世界各国天然气价格差别比较大。仅以中国为例，中国从中亚进口的天然气与从俄罗斯进口的天然气价格就差别很大，俄罗斯天然气价格高出中亚地区接近一倍。这种价格的巨大差距首先是因为天然气运输成本较高，难以实现不同地区的套利；其次是因为天然气作为重要的战略能源受到地缘政治与国际关系的影响。《世界能源统计年鉴》中公布了英国赫仑 NBP 价格、美国亨利 HUB 价格、加拿大亚伯达价格，我们认为这三个国家的市场化程度要更高一些，价格较少受到地缘政治与国际关系的影响。我们取其算术平均数作为世界天然气的价格，并将计量单位统一成美元/立方米来核算各个国家历年天然气生产量的价值。

世界各国铁矿石产量来自美国地质调查局（USGS）中历年的矿产资源统计年鉴。铁矿石这一大宗商品的单位货币价值，我们采用美国采矿办公署公布的历年铁矿石价格。由于各个国家生产的铁矿石含铁量不同，因此铁矿石单位价值量也不同。部分国家铁矿石的品位较高，主要以澳大利亚、巴西、俄罗斯、瑞典这四个国家为主，其他国家铁矿石品位与美国相当，大约在30%的水平上。因此，我们在计算铁矿石价值时，按照品位比作为权重，以美国铁矿石价格为基础来核算这四个国家的单位铁矿石价格，其他国家铁矿石价格与美国相同。

美国地质调查局（USGS）提供了世界主要国家铜的生产量，并区分了冶炼铜、电解铜的生产量。但是考虑到成品铜的生产会包含一部分进口铜矿石，因此从成品铜的生产量并不能推测一个国家使用的铜矿的要素禀赋。因此我们以铜矿石的生产量作为计算国家层面铜禀赋的基础，数据来自美国地质调查局数据库中铜分项中主要国家铜矿石的生产量。至于各个国家铜矿石的价格，美国统计局提供了美国出口至世界各国的铜矿石的总吨位与总价值，我们基于此计算单位计算铜矿石的美元货币价值。美国地质调查局（USGS）并没有提供世界各国历年铝土矿的生产量，但提供了各国原铝的生产量。相比于铝土矿，原铝并不存在品位上的差异，世界各国原铝的含铝量较为一致，在确定世界各国原铝的价值时不再区分质量。至于原铝的单位价值，我们采用美国地质调查局提供的美国本土的原铝生产总量与总价值量，从而计算单位原铝的价值量，作为世界各个国家原铝的单位价值。美国地质调查局（USGS）公布了各个国家生产金矿石的含金量，我们直接利用这一数据，不再纠结于各个国家生产金矿石的品位异质性而导致的单位金矿石价格差异。黄金的单位价格，我们采用美国本土的黄金价格，用美国黄金生产的总量与总价值来计算单位黄金价格。由于美国美元的国际货币地位以及黄金的国际储备作用，美国本土的美元黄金价格更能反映出世界市场中的黄金价格。同时黄金作为贵金属，运输成本占单位价值量的比重更低，故各国黄金价格收敛于世界均衡价格的程度更高。美国地质调查局（USGS）公布了银主要生产国的生产量，银价值相对也比较高，运输成本较低，因此世界主要国家的银价格基本趋于一致，我们采用美国本土的银价格作为世界的银价格来计算各个国家的银价值量。

主要国家与地区的耕地面积来自世界银行数据库，该数据库并没有直接提供国家层面耕地的绝对量，而是仅仅提供了耕地面积占国土面积的比重。我们根据耕地面积所占比重计算耕地面积的绝对量，各个国家的国土面积来自联合国数据库。

世界各个国家永久牧场面积与森林面积来自《联合国粮食与农业组织数据库》，并且只提供公顷数据，因此我们把公顷换算成平方千米。其中中国的数据存在较大的误差，本书采用《中国统计年鉴》上的数据。世界主要国家与地区的渔业资源来自联合国粮食与农业组织网站中的历年《渔业与水产资源统计年鉴》。对于能维持可持续发展的渔业捕捞量，很难确定一个精确的数据。基于主要国家与地区的渔业资源捕捞量，有的国家历年的渔业资源捕捞量相对比较稳定，这类国家渔业资源基本可以维持可持续的捕捞与利用。而有的国家渔业资源的捕捞量呈现出逐年上升的趋势，这类国家大多为发展中国家。由于捕捞设施落后与捕捞物质资本的缺乏，这些国家的渔业捕捞量并没有达到维持可持续捕捞的最大值。对于这类国家我们假设最后一年的捕捞量为维持可持续发展的捕捞量，因为这些国家经济不断发展，捕捞设施与物质资本不断完善，最近一年的捕捞量更加接近可持续捕捞数据。有的国家的渔业捕捞量也呈现不断下降的趋势，除了英国、日本等海岸线比较广阔的少数国家之外，大部分发达国家的渔业捕捞量延续不断下降的趋势，当然存在这种趋势的国家也包括少数发展中国家。对于这类国家，取他们近十年捕捞量的平均值作为渔业资源的可持续捕捞量。联合国粮食与农业组织网站中的渔业与水产资源统计年鉴并没有把所有国家的渔业资源捕捞量的数据公布出来，对于部分国家与地区数据的缺失，根据这些国家的海岸线长度来估算，用这些国家的海岸线长度与相邻国家海岸线的长度的比值作为权重，去乘以相邻国家的渔业资源禀赋量作为这些国家渔业资源的禀赋量。澳大利亚较为特殊，澳大利亚控制的渔业面积为894 万平方千米，而新西兰控制的渔业面积为 220 万平方千米，但是其渔业捕捞量却是新西兰的三分之一左右。显然澳大利亚存在捕捞不足的现象，这与澳大利亚对渔业资源的管控政策有极大的关系。对于这样的国家，我们对其进行一定的调整，用澳大利亚控制的渔业面积与新西兰控制的渔业面积的比值乘以新西兰的可持续捕捞量作为澳大利亚的可持续捕捞量。内陆国家渔业资源相对稀少，因此忽略不计，部分国家的渔业资源不计入统计范围。

虽然从捕捞量上来看，部分国家具有很高的产量，但是从渔业资源的经济价值来讲却不高。比如中国、印度的渔业资源经济价值相对较低，澳大利亚、新西兰以及北欧国家的渔业资源经济价值相对较高。联合国粮食与农业组织网站中的《渔业与水产资源统计年鉴》提供了五大洲渔业资源的产出量与价值量，因此可以计算各大洲单位渔业资源价值量。按照国家所属大洲的价格作为国家层面的价格，统计各个国家历年的渔业资源总价值量。根据我们计算的每吨渔业资源的价值量，大洋洲的价值最大，亚洲地区的单位渔业资源的价值量最小。

2. 劳动力与资本存量数据统计与说明

劳动力数量的数据来自国际劳动组织数据库。劳动力要素禀赋的质量相对复杂，有的学者根据劳动力受教育水平来确定劳动力的质量水平，但是由于存在教育质量的国别差异，因此我们很难将发达国家与发展中国家同一受教育水平的劳动力归为同一档次。并且职业教育虽然时间较短，但是所培训的劳动力在工业化国家更符合产业结构的需求，所创造价值有可能更多。有的学者根据劳动力的工资水平作为劳动力的质量，这对于处于同一经济体内部的劳动力来说合情合理。由于不同经济体的经济发展阶段存在很大的差异，同一工种在发达国家与发展中国家的工资报酬会存在很大的差异。以汽车制造业流水线工人为例，这一工种技术含量相对较低，而且付出的劳动强度也差不多，但在发展中国家的工资薪酬却比较低。基于以上的思考，本书认为人力资本水平可以反映劳动力质量状况，因此用人力资本水平表示劳动力质量，具体核算方法由下文说明。经济体的资本存量，包括机器设备、厂房、基础设施等，本部分数据将在剩余变量说明中给出，不再赘述。

4.2.4 剩余变量说明

核算全要素生产率需要的国内生产总值用 GDP 表示，数据来自联合国数据库，并且用 GDP 价格指数折算到基期 1995 年的价格水平，下文将详细介绍非现成数据的核算过程，包括物质资本存量、市场化指数、人力资本水平三个指标。

1. 物质资本存量

物质资本存量核算基于 Goldsmith（1951）发明的永续盘存法，其基本思路为在基期物质资本存量的基础上，加上下一期的再投资，减去当期的物质资本折旧，从而得到下一期的物质资本存量，具体计算公式如下：

$$K_{it} = \frac{K_{it-1}}{1-\delta} + I_{it} \qquad (式4-9)$$

式 4-9 中，K_{it} 表示各国第 t 期的物质资本存量，K_{it-1} 表示各国第 $t-1$ 期的物质资本存量，δ 表示物质资本折旧率，I_{it} 表示各国第 t 期的物质资本投入流量。为了将物质资本存量统一到基期价格水平，用各国历年固定资产投资价格指数将物质资本投入流量折算到基期 1995 年的水平。δ 为资本折旧率，关于基期 1995 年各国的物质资本存量，基于 Coe & Helpman（1995）的逻辑，具体计算公式如下：

$$K_{it} = I_{it}/(g + \delta) \qquad\qquad （式 4-10）$$

式 4-10 中，g 为 1995—1998 年各国固定资产投资的几何增长率，δ 为资本折旧率，我们采用张军（2004）9.6% 的测算结果。

2. 市场化指数

至于各国历年市场化指数的数据，并没有现成的统计数据与各组织的核算数据可以用。国别市场化水平在全球范围内表现出很大的不同，以世界仅存的几个社会主义国家之一的朝鲜为例，朝鲜在多领域仍然采用中央计划的方式组织社会生产并实施分配，资源配置几乎不用市场调控，所以市场化程度几乎为零。但是西方发达资本主义国家，如美国、西欧各国均采用以市场配置生产要素组织生产，具有非常高的市场化指数。虽然个别经济体出于政治视角采取计划经济，但是朝更高程度的市场化水平发展已经成为各个国家的共识。由于各经济体历史发展基础不同，其市场化程度也表现出很大的差距。在世界范围内，西欧地区、北美地区的市场化程度要更高一些，而亚洲地区与东欧等地区的市场化程度发展相对滞后。国际上并没有统一核算市场化指数的国别数据方法，具体到中国而言，由于中国具有从计划经济到市场经济的转型特征，因此学者们更多地关注如何测算中国的市场化指数及其历年的动态变化过程，所以核算各国历年的市场化指数需要参考中国市场化指数的核算逻辑。樊纲等（2003）曾经公布了中国若干年的市场化指数，并具体到除西藏以外的其他省份。樊纲等（2003）的核算方法主要采用多维指标的加权加总；周国富、孙艳霞（2005）运用主成分分析法，用反映市场化程度的多维指标构建了中国省级的市场化指数；阎大颖（2007）采用了更多反映市场化程度的指标构建市场化指数，但是仍然没有脱离樊纲等人的研究框架。分析中国本土市场化水平所比较的对象是中国市场化纵向时间的变化，处于同一制度环境下的变革较为一致，因此核算过程所考虑的注意事项相对较少。而核算各国历年的市场化程度需要考虑的问题更多，同时考虑到数据的可获得性，核算市场化程度的跨国面板数据相对较为复杂。仍然基于樊纲等（2003）的核算方法，同时考虑到数据的可获得性与能同时反映不同体制国家市场化程度的指标，我们选取多维变量核算各国的市场化指数。樊纲（2003）将反映市场化水平的指标分成了 5 个一级指标与 14 个二级指标，孙晓红、李明珊（2014）在樊纲的基础上进一步将 2 级指标扩展为 16 个①。核算不同经济体的市场化指数显然不能完全照搬樊纲的指标体系，首先应考虑到数据的可获得性与不同社会制度经济体市场化指数所需要的指标不同，我们仍然参照樊纲（2014）的方法寻找反映市场化程度的多维指标。

影响市场化水平的因素多种多样，但也基本在政府行为与市场关系、生产要素自由配置、市场制度是否完善这三个核心范畴中。核算同一经济体内部不同地区的市场化水平可以展开更多维度的研究，但不同经济体在历史发展进程、经济发展水平与社会制度方法都存在很大差异，因此我们立足于能反映市场化水平最核心的三个范畴，进而核算各经济体历年的市场化指数。根据数据的可获得性，我们用私人部门工作的研发人员数量占总人员数量比例反映生产要素自由配置程度、用政府支出占 GDP 总量反映政府行为与市场之间的关系、用各经济体每千人专利申请量反映市场制度的完善与否。至于如何将三维指标合成总量的市场化指数数据，借鉴樊纲（2003）的方法，将 3 个指标的实际值转换成 1 分制的相对指数，以私人部门工作的研发人员占总人员的比重为例，根据生产要素的流动性，私人部门的生产要素相比非私人部门具有更强的流动性，基本按照生产要素价格来配置，因此私人部门中生产要素比例越大，市场化程度越高。由于数据时间范围覆盖 1995—2014 年，因此设定基期为 1995 年。具体到私人部门工作的研发人员占比，将 1995 年私人部门研发人员占比最低的经济体设定为 0 分，占比最高的经济体设定为 1 分，在此基础上，比对其他经济体占比与 0 分到 1 分之间的距离，以确定相应的得分，具体计算公式如下：

$$\frac{S_i - S_{min}}{S_{max} - S_{min}} \quad\quad\quad （式4-11）$$

式 4-11 中，S_{max} 为该指标基期的最大值，S_{min} 为该指标基期的最小值，S_i 为具体需要核算的个体指标值。基期 1995 年的个体核算结果都分布于 0 到 1 之间，但是后续年份随着事态发展，核算的数值将有可能大于 1 或者小于 0。

---

① 具体一级指标包括政府行为规范化、经济主体自由化、要素资源市场化、产品市场公开化、市场制度完善化的 5 个指标。二级指标表示变量包括：地方政府财政支出/GDP、党政机关人数/地区人口、国家预算内投资/全社会固定资产投资、非国有经济固定资产投资/地区固定资产投资、城镇非国有单位职工/地区城镇从业人员、非国有企业工业产值/地区工业总产值、城镇个体就业人数/地区城镇就业人数、技术成交额/本地专业技术人员、外方注册资金/外商投资企业总注册资金、外国资本投资/全部固定资产投资、社会消费品零售总额中市场定价所占比重、农副产品收购总额中市场定价所占比重、生产资料收购总额中市场定价所占比重、房地产就业人数/地区就业人员、三种专利申请受理数量/本地专业技术人员、三种专利申请批准数量/本地专业技术人员。

但是有些指标在反映市场化水平中,并非越大越好。如政府支出占当年GDP比重,根据政府与市场的关系,政府开支越高代表着其对市场的干预能力越大,相应会挤占市场中个体消费者的开支规模。政府开支的过程中存在一定程度不可避免的寻租,同时政府开支具有计划性,并不能真正反映个体消费者的市场需求。因此政府开支越少,对市场的干预能力越低,市场化程度更高。此种情况下,上面的计算公式将会出现与逻辑逆转的结果,因此进一步将此种情况下的计算公式表述如下:

$$\frac{S_{max} - S_i}{S_{max} - S_{min}} \quad\quad\quad (式4-12)$$

具体的指标描述与上文相同,合成三维指标组成整体市场化指数时,采用美国传统基金会的做法,分别赋予三维指标相同的权重以核算整体的市场化指数。具体的核算结果,限于篇幅,仅报告了部分经济体每隔5年的市场化指数并将巴西、中国、印度、日本、俄罗斯、美国这6个经济体1995—2014年的市场化变化趋势做成折线图以反映市场化指数的变化特征。

表4.2 部分经济体历年市场化指数

年份 \ 国家	巴西	中国	印度	日本	俄罗斯	美国
1995	0.838502	0.662374	0.359654	2.794903	1.131755	1.632462
1996	0.814157	0.693948	0.376023	2.862588	1.159501	1.600535
1997	0.826079	0.657109	0.384143	2.957311	1.13574	1.610551
1998	0.813233	0.550682	0.40897	2.994737	1.090612	1.637501
1999	0.814179	0.594202	0.446905	3.00892	1.071983	1.692443
2000	0.794558	0.913036	0.492257	3.064502	1.112876	1.748295
2001	0.782859	0.936217	0.478355	3.178799	1.114847	1.802783
2002	0.769593	0.978815	0.473769	3.130582	1.121746	1.830293
2003	0.717565	1.007034	0.484817	3.132011	1.110653	1.850649
2004	0.718493	1.026465	0.535798	3.146648	1.065322	1.870659
2005	0.746667	1.13223	0.572686	3.178689	1.026575	1.930107
2006	0.709953	1.169275	0.604266	3.086338	1.049689	1.991897
2007	0.6748	1.228292	0.605613	3.028332	1.049319	2.045042

续表

国家\年份	巴西	中国	印度	日本	俄罗斯	美国
2008	0.643083	1.281997	0.612677	3.08183	1.057422	2.035052
2009	0.604779	1.171405	0.620885	2.897646	1.0522	2.091486
2010	0.567513	1.196929	0.648365	2.877322	1.027838	2.156479
2011	0.542578	1.277358	0.636863	2.875106	1.021765	2.129795
2012	0.546945	1.33459	0.633516	2.871894	1.00729	2.216345
2013	0.535206	1.411813	0.628673	2.789203	1.02796	2.275862

根据表4.2显示的部分经济体市场化指数的数据：日本的市场化指数依然是最高的，美国紧随其后，但是日本在20世纪90年代就已经达到非常高的市场化水平，中国市场化水平进步最明显，已经远远超过同为金砖经济体的巴西、印度、俄罗斯。印度虽然市场化水平不高，但是一直处于不断上升的趋势，而巴西与俄罗斯的市场化水平却有所退步，并且与发达经济体的距离越来越远。日本市场化指数下降的主要原因是因为日本经济的停滞不前，日本政府加大了对市场的宏观干预，政府支出占GDP比重不断上涨使日本的市场化水平降低。巴西与俄罗斯进入21世纪以来，经济增长并没有多少起色，巴西国内的制度环境并不完善，而俄罗斯的中央集权也逐渐侵蚀苏联刚刚解体时的市场环境。

3. 人力资本水平

当前现成数据库并没有公布各国历年的人力资本水平，人力资本是嵌入人本身的能力，不仅包括技术工人的水平，更有管理团队、组织生产的管理人体现，甚至管理人才在生产要素优化配置的举动所产生的效益要高于若干技术工人的劳动产出。因此，估算人力资本水平是对模糊的人的能力的测量，难以有准确的标准衡量。但是学术界、政府部门与国际组织都十分关注这一问题，在评估地区生产能力、经济增长潜力等方面，人力资本水平是十分重要的反馈指标。许多学者对估算人力资本水平也进行了尝试，核算人力资本水平面临的首要问题是准确定义人力资本的概念。世界银行1995年发布的新的国家与地区财富计算法中明确将人们的潜在生产能力所代表的价值定义为人力资本水平，并将其纳入国家生产要素禀赋的统计范畴中。而中国国家统计局在2011年也颁布了《人才贡献率及人力资本贡献率测算方案》，政府与国际组织对人力资本测算的重视也反映了人力资本核算对于经济研究的重要价值。相对于物质资本存量的核算，人力资本的核算需要基于更多的假设，在更加狭窄的维度上去计算人力资本水平，因此具有更大的自由度。但是更多假设也就意味着更多的主观性，其计算方法也多种多样。目前学术界的核算标准主要基于三大类：人力资本的投入核算（王得劲、向蓉美，2006；张帆，2000；钱雪亚，2012）；人力资本的产出核算（李海峥，2010）；国民素质的教育视角核算（Barro，1991）。

人力资本投入核算的基本思想为：人力资本水平的高低取决于对人投入的多寡，花费在单个个体身上的总价值越高，其内含的人力资本水平越高。针对资本存量的核算，国际上普遍采用 PIM 框架核算体系。但是在这一核算体系中存在两大难题，一是基础年份人力资本存量的核算；二是当年投入到人力资本水平提升的花费范畴如何定义，这关系到人力资本投入流量的核算。人的花费无非是基于享受而提升效用的消费性支出，再有就是基于提升自己工作能力与技能水平的投资性支出。大部分情况下两种支出是可以区分的，但是也存在部分花费既属于消费性支出，同时也属于投资性支出的情况。尤其是在为了健康与放松自我的医疗保健与娱乐消费，既给消费个体带来了身心的享受，同时获得放松的个体在下一期的工作中会更具有活力，身体健康获得保障。钱雪亚（2012）也指出如何区分消费性支出与投资性支出是基于投资成本法估算人力资本水平的一大难题。

不同人力资本水平的另一评判标准便是人力资本在有限生命周期中所创造的价值，这便是收入法核算人力资本水平的基本思想（Jorgenson & Fraumeni，1989）。但是该方法基于一个重要的假设，个体较高的人力资本水平，其一生中创造的总价值也较高。但是个体创造价值的高低除了受到人力资本水平的影响外，经济发展的整体大环境也会影响人力资本水平的发挥，同一个人在和平年代与战乱时期，其创造的总价值差距也非常大。该方法核算人力资本水平直接由其创造的价值决定，在统一的社会环境中核算较为理想，而涉及不同社会环境的国别数据，使用该方法便失去了一致性。以二战前后的日本与德国为例，二战前的日本与德国，经过多年对人力资本的投资，其人力资本水平已经达到非常高的水平，可以与英国、法国、美国等发达资本主义国家列为一梯队，用收入法核算的战前人力资本水平也可以达到英国、法国、美国的层次。但是二战后日本与德国遭到战争的洗劫，相比英国、法国、美国等战胜国，由于资本的短缺与政治环境的约束，日本与德国的人均收入要明显低于英国、法国、美国等发达资本主义国家。以收入法核算的人力资本水平在战前与二战后会有一个很大的滑坡，但是内含于个体的人力资本水平并没有发生变化。基于不同的政治环境核算国别的人力资本水平，显然收入法不适用。

　　基于国民素质核算经济体的人力资本水平，不同于成本法与收入法，该方法用一系列表征国民素质的指标间接体现一国整体的人力资本水平。学术界主要将经济体国民整体的受教育水平作为衡量其人力资本水平的指标，理论基础来源于 Becker（1964）人力资本的观点："人力资本水平的提升是多维度的，但主要是教育支出、医疗保健、劳动力流动等形成的人力资本。"同时大多数学者肯定了教育支出是形成人力资本水平的主要路径，Soukiazis & Antunes（2012）用该指标核算了欧盟各国的人力资本水平，并用该指标对经济增长进行了研究。教育分为基础教育、专业教育、职业教育等，但任何一种教育都将赋予受教育者更高的工作能力与认知水平，而受教育水平的增加对经济增长正效应的研究也充分说明了教育通过提升人力资本水平而使总产出增加的重要性。该方法的核算指标主要有三种：平均受教育年限、总的受教育年限、不同受教育水平中人口占比。本书基于国别的面板数据研究出口贸易对经济增长的影响，人力资本的核算必然涉及不同国家数据的核算，因此收入法不再适合国别人力资本数据的核算，成本法在核算国别人力资本的时候面临着难以区分消费性支出与投资性支出的范畴问题，所以我们用基于国民素质的教育成果法核算不同经济体的人力资本水平。虽然在不同的经济体内，教育水平存在一定的差距，但是义务教育与高等教育阶段仍然能反映出经济体的人力资本水平，一般 8 年义务教育完成以后，普遍可以承担产业工人所需要的人力资本阈值，而高等教育完成以后，高端制造业与服务业发展所需要的人力资本水平也基本可以达到。因此，我们将基于国民素质的教育成果法作为核算经济体人力资本水平的标准。该指标存在一个重要的假设，即不论初级教育与高等教育，任何一年的教育对人力资本水平的边际产出是相同的。由于计量公式中表示经济增长数量的变量为人均 GDP，为了统一口径，我们采用 Barro & Lee（1996）的方法，将人均受教育年限作为衡量经济体人力资本水平的指标。具体核算公式如下：

$$E_t = \frac{\sum_i L_{it} U_i}{L(t)}, \quad (i = 小学，初中，高中 \cdots\cdots) \qquad （式4-13）$$

　　式 4-13 中，U_i 为完成各类教育所需要的受教育年限，L_{it} 为第 t 年完成第 i 种教育的人口数量，$L(t)$ 为第 t 年的总人口数量。

　　核算公式中，大多数学者假设中途退学、肄业视为毕业看待，但是第 t 年完成第 i 种教育的人口数量是核算的难点，由于人口结构具有动态变化特征，并且完成教育之后的人口也会存在自然死亡的过程，因此人力资本存在自然折旧。因此，在计算下一年人均受教育水平时，需要用人均寿命的倒数作为折旧率对上一年核算完成的人口数量进行折旧处理，在经过折旧处理的数据基础上增加当年新毕业人口数量，具体核算公式如下：

$$E_{t+1} = \frac{\sum\limits_{i} [L_{it} * (1 - \delta) + \Delta L_{it+1}] U_i}{L(t + 1)}, \quad (i = 小学，初中，高中……)$$

(式 4-14)

式 4-14 中，δ 为人均寿命的倒数，表示人力资本的折旧率，L_{it+1} 为下一年新增加的劳动力数量，其他变量均与上文表述一致。表 4.3 列示了部分经济体 1995—2014 年人力资本水平测算值。

表 4.3 部分经济体历年人力资本水平

国家 / 年份	中国	巴西	德国	法国	印度	美国
1995	6.33	5.58	9.44	8.82	4.12	12.59
1996	6.48	5.82	9.60	9.05	4.35	12.60
1997	6.63	6.05	9.75	9.28	4.58	12.62
1998	6.73	6.21	9.85	9.43	4.73	12.62
1999	6.77	6.27	9.89	9.49	4.79	12.63
2000	6.93	6.52	10.06	9.74	5.03	12.64
2001	7.00	6.67	10.38	9.82	5.15	12.68
2002	7.06	6.80	10.64	9.88	5.25	12.72
2003	7.14	6.96	10.98	9.96	5.37	12.77
2004	7.21	7.13	11.32	10.04	5.50	12.81
2005	7.29	7.29	11.66	10.12	5.63	12.86
2006	7.33	7.41	11.80	10.23	5.75	12.92
2007	7.38	7.53	11.94	10.34	5.87	12.99
2008	7.42	7.64	12.08	10.45	6.00	13.05
2009	7.47	7.76	12.22	10.56	6.12	13.12
2010	7.51	7.88	12.36	10.67	6.24	13.18
2011	7.57	8.04	12.55	10.82	6.40	13.27
2012	7.63	8.19	12.73	10.96	6.57	13.35
2013	7.69	8.36	12.93	11.12	6.74	13.44
2014	7.73	8.48	13.07	11.23	6.86	13.51

4.2.5　主要数据来源

测算各国历年市场化指数需要的私人部门工作的研发人员数、研发人员总数来源于联合国数据库，并且私人部门工作的研发人员数与研发人员总数使用全天工作的类别（FTE）。各国历年的政府支出与 GDP 总量来源于联合国数据库。计算每千人专利申请量需要的世界各国总人口来源于世界银行，但是只有到 2006 年的统计数据，后续年份的数据用维基百科的数据，因为 2006 年到 2014 年之间，各国人口数量变化微乎其微。各国历年专利申请总量来源于世界知识产区组织数据库。各国历年初级教育、中学教育与高等教育 15 岁以上人口的人均受教育年限来自世界银行数据库。各国历年人均 GDP 来自联合国数据库，采用当期美元价格。各国历年研发支出总量数据是缺失的，但世界银行数据库提供了各国历年研发支出占 GDP 的比重，我们据此核算各国历年研发支出总量，需要的各国历年当年价格 GDP 总量数据来自联合国数据库，对于缺失年份的数据，由于研发支出占 GDP 比重与历年教育投入占 GDP 比重具有较强的相关性，因此我们用教育投入占 GDP 比重的增长率来代替研发支出占 GDP 比重的增长率，从而补齐缺失年份的数据。对各国历年 GDP 及固定资产投资额进行平减所需要的 GDP 价格指数来自世界银行数据库。

第5章　出口对经济增长影响的实证研究

过去，专家学者分析出口贸易对经济增长的影响主要基于产业间贸易与产业内贸易的假设，实证检验的结果大多数情况下也支持出口促进经济增长的结论。但是在产品内贸易阶段，出口与经济增长的走势在部分国家却与古典贸易理论相悖。部分发展中国家出现了出口增长但经济停滞的现状，而在发达国家出口不变的同时，经济增长却稳步上升。理论与事实的背离进一步说明过去古典贸易理论对出口与经济增长之间关系的解释乏力，新的研究框架亟待建立。基于过去研究出口对经济增长影响的乏力，本部分将基于古典经济增长理论与新经济增长理论视角同时展开出口对经济增长影响的研究。根据 WIOD 数据库提供的世界非竞争性投入产出表所包含的样本经济体，首先从 41 个经济体中剥离出陷入"中等收入陷阱"的经济体与高收入经济体两类，展开在产品内贸易阶段，这两类经济体出口贸易对经济增长影响的实证研究。为了深入挖掘现阶段出口贸易对经济增长的异质性，仅仅将这两类经济体作为研究样本，显然会过于单薄。在动态视角下，韩国作为成功依靠出口贸易实现经济腾飞的典型代表，具有较高的研究价值，因此将韩国作为重要的研究样本。除此以外，中国作为世界上最大的发展中国家，同时可以代表金砖经济体，在经过 30 多年高速扩张的出口贸易之后，出口对经济增长的影响又将如何？因此进一步将中国作为研究样本，以更加全面反映当今出口贸易对经济增长影响的重要特征。

5.1 "中等收入陷阱"的经济体出口贸易对经济增长的影响

5.1.1 引言

根据世界银行对各国出口贸易与经济增长的统计，发达国家平均出口贸易额占 GDP 的比重比陷入"中等收入陷阱"国家与地区平均低 13 个百分点，但是发达国家的经济增长表现却远远好于中等收入国家。陷入"中等收入陷阱"的经济体主要集中于拉丁美洲、东南亚与东欧部分经济体，众多学者基于多维度分析了这类经济体迟迟不能跨入高收入阶段的原因（蔡昉，2012；华生、汲铮，2015；张德荣，2013），但是从出口贸易视角分析中等收入陷阱的并不多。以东南亚经济体为例，二战后，东南亚经济体开始逐渐走向市场经济发展的道路，开放国内市场并融入世界经济生产体系，同时随着"亚洲四小龙"的成功崛起，外向型经济发展模型更被不断复制到东南亚经济体中，导致东南亚经济体出口贸易急速上升。依照过去的"ELG"理论，出口贸易的增长将伴随着经济的快速增长，但是东南亚大多数经济体却徘徊于中等收入阶段，难以向上突破。图 5.1 与 5.2 分别描绘了四个陷入"中等收入陷阱"的经济体出口贸易占 GDP 比重历年的变化与历年人均 GDP 变化趋势。

典型中等收入经济体出口贸易占GDP比重

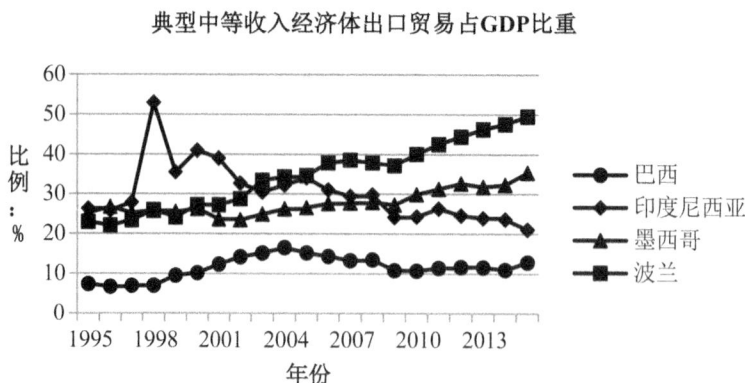

图 5.1 陷入"中等收入陷阱"的经济体出口占 GDP 比重变化趋势

典型中等收入经济体历年人均GDP

图 5.2　陷入"中等收入陷阱"的经济体人均 GDP 变化趋势

　　根据上图所示，起初四个经济体出口贸易占 GDP 比重都不高，内需与外需共同带动经济增长。1995—1998 年间，印度尼西亚政府采取的促进出口贸易与引进外资的政策激发了该国出口贸易的潜力，出口贸易占 GDP 比重开始急速上升，但是 1998 年东南亚金融危机的到来席卷了当地的外资，参与国际生产分工的资本瞬间离开，撤离的资本钝化了国内的生产能力，造成了此后若干年的经济停滞。由于政府吸取 1998 年亚洲金融危机的教训，降低了参与国际生产体系的力度，同时主要立足于国内市场发展经济，后续年份出口贸易占 GDP 比重一直保持平稳且下降的态势。观察该国人均 GDP 变化趋势，1998 年东南亚金融危机几乎将该国重新拖回到贫困线以下，直到 2003 年以后，经济增长速度才相对提升，但是 2011 年几乎又进入了瓶颈期，2011—2014 年人均 GDP 不仅没有增长，反而略有下降。墨西哥出口贸易占 GDP 比重一直处于稳中有升的状态，由于具有靠近美国的优越地理区位条件，墨西哥可以充分嵌入美国生产体系，利用国内廉价生产要素承接美国跨国公司主导的全球价值链中的一部分，因此墨西哥经济增长较为稳健，但是也徘徊于中等收入阶段近 20 年的时间。再观察巴西出口贸易占 GDP 比重，巴西由于地处南美洲地区，远离国际生产复杂网络，因此外向型经济发展战略的推行并没有优势，所以巴西出口贸易占 GDP 比重一直稳定在 10% 左右，而同时期全世界平均出口贸易占 GDP 比重已经从 11% 上升到 23%，所以全球跨国生产网络促动的出口贸易在大幅提升的同时，巴西似乎远离世界经济发展的大趋势。巴西同时期经济增长的表现体现出更强的波动性，1995—2002 年，巴西经济处于下降期，2003 年以后，经济开始腾飞，到 2010 年，经济达到顶峰，成功跨入高收入经济体队伍中，但是此后的几年，经济又开始走下坡路，似乎仍然徘徊于中等收入经济体行列不能自拔。波兰的出口一直局限于苏联区域内，在保持苏联的市场外，波兰积极参与国际生产与分工，出口贸易占 GDP 比重逐渐上升，越来越依赖外部市场。波兰人均 GDP 也在 2006 年跨越中等收入阶段，进入高收入经济体行列。但后续年份，波兰出口贸易继续增长的同时，其经济增长却始终徘徊于中等收入与高收入的边缘，显示出增长无力的趋势。已有文献大多从总量出口贸易数据的层面分析出口贸易的作用，单一渠道的分析显然较为薄弱，能够厘清产品内贸易阶段出口贸易对经济增长影响路径的文献更是少之又少，为了全面准确反映产品内贸易阶段中等收入经济体出口贸易对经济增长的影响，本部分实证分析将试图从以下几个方面对过去原有文献进行扩展：首先，基于古典经济增长视角，利用出口贸易附加值观察其对短期经济增长的影响；其次，基于新经济增长理论，进一步考察出口附加值对技术进步的影响；再次，基于出口贸易质量的分析，考察出口贸易附加值不同产业占比对经济体技术进步的影响；最后，由于双边贸易合作伙伴将影响出口贸易的收益，南北贸易与南南合作的贸易模式对于不同经济体的经济增长具有较大区别，因此要进一步考察不同出口目的地附加值占比对出口国技术进步的影响。

5.1.2　出口附加值对 GDP 的影响

1. 基本计量分析

首先本书将基于古典经济增长理论的视角，实证检验陷入"中等收入陷阱"的经济体出口贸易附加值对 GDP 的影响。WIOD 数据库提供的历年世界非竞争性投入—产出表中包含的这类国家数量较少，样本国家仅包括巴西、印度尼西亚、波兰、墨西哥四个。由于样本量太小，因此难以得到稳健的计量分析结果。基于此，进一步扩展样本容量，将部分发展中经济体长期停留在中等收入阶段的样本加入其中，组成非平衡面板数据①。利用上一章的模型设定一，对其展开计量分析，首先对扩展的数据进行统计性描述。下表列示了变量的描述性统计，一并画出了人均出口附加值与人均 GDP 二者之间的散点图。

---

① 增加的样本包括保加利亚 1995—2014 年、捷克 1995—2002 年、匈牙利 1995—2004 年、印度 2007—2014、罗马尼亚 1995—2014 年、俄罗斯 1995—2010 年、土耳其 1995—2014 年的数据，这几个经济体在上述区间中，经济发展缓慢，具备陷入"中等收入陷阱"的经济体的阶段性特征，因此将其纳入实证分析范畴中。

表 5.1　变量描述性统计

变量	样本数	平均数	标准差	最大值	最小值
lnGDP	182	8.383	0.751	9.555	6.292
Ex	182	6.742	0.926	4.938	8.480
R&D	182	0.637	0.328	1.286	0.041
LnPcapital	182	2.002	0.924	4.810	0.526
Hcapital	182	8.954	2.142	12.711	4.621
FDI	182	0.035	0.372	0.309	−0.259
Market	182	0.616	0.275	1.207	0.072
LnEndow	182	0.850	1.009	8.082	0.847

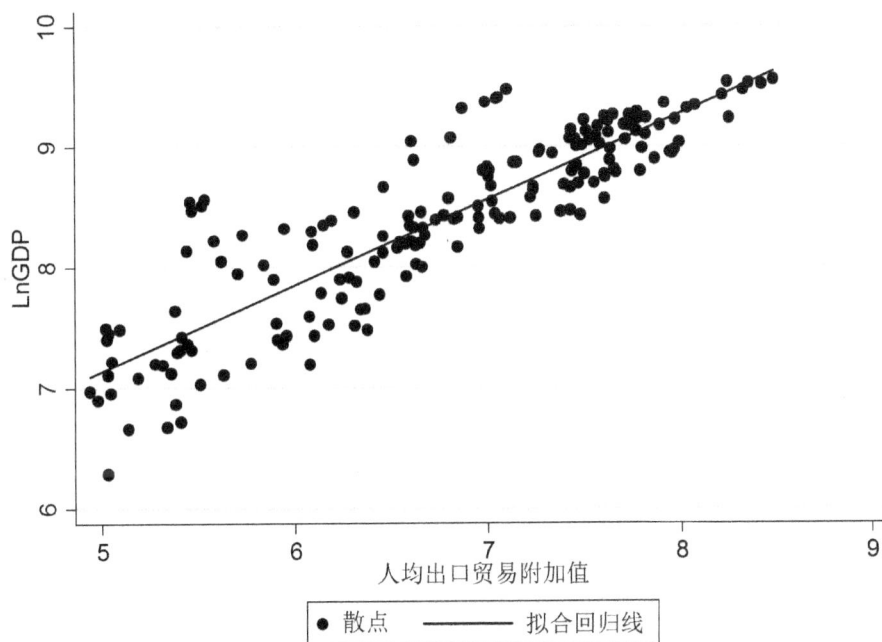

图 5.3　人均出口附加值与 GDP 之间散点图

　　根据以上散点图，人均出口贸易附加值与人均 GDP 之间呈现正相关关系，表明出口贸易附加值的提升显著促进了人均 GDP 的提高。而精确反映二者之间的关系需要建立在完善的计量分析基础上。首先进行混合回归，由于不同个体的人均 GDP 差距较大，因此难免出现异方差问题，因此混合回归需要基于异方差稳健标准误。同时，非平衡面板数据并不影响计算离差形式的组内估计量，因此固定效应模型的估计仍然有效。表 5.2 给出了基本的实证分析结果。

表 5.2　基本计量结果

方法 变量	OLS	OLS	OLS	FE	RE
C	4.484 * * * (21.86)	4.142 * * * (19.86)	3.870 * * * (16.75)	4.781 * * * (19.66)	4.390 * * * (21.44)
lnEx	0.596 * * * (20.52)	0.736 * * * (20.15)	0.742 * * * (20.88)	0.666 * * * (15.88)	0.669 * * * (19.62)
R&D	0.462 * * * (6.25)	0.552 * * * (8.16)	0.635 * * * (9.44)	0.142 (0.84)	0.436 * * * (3.79)
Pcapital	-0.208 * * * (-8.15)	-0.149 * * * (-6.55)	-0.087 * * * (-3.30)	-0.224 * * * (-6.37)	-1.656 * * * (-5.35)
Hcapital		-0.091 * * * (-6.45)	-0.054 * * * (-3.91)	-0.046 (-1.27)	-0.034 (-1.57)
FDI		1.083 * * (2.40)	9.588 * * * (4.38)	1.356 (0.72)	3.581 * (1.91)
Market			-0.432 * * * (-4.93)	-0.159 (-1.49)	-0.281 * * * (-2.89)
Endow			-0.368 * * * (-4.52)	-0.085 (-1.13)	-0.158 * * (-2.10)
观测值	182	182	182	182	182
R^2	0.856	0.885	0.908	0.909	0.906
F	322.67	170.20	262.98	235.61	
Wald					1613.45

注：*、* *、* * * 分别表示 10%、5%、1% 的显著性水平，所用计量软件为 STATA 12.0 版本，括号内数字为系数的 t 值。

根据上表所示，人均出口贸易附加值对经济增长具有促进作用，普通最小二乘回归与面板数据的随机效应与固定效应回归结果表明，人均出口贸易附加值每增加 1%，人均 GDP 将增加 0.5% ~ 0.8%。人均 GDP 代表着经济体短期经济增长数量，出口贸易附加值作为经济体出口贸易真实收益的衡量指标，实证检验结果表明了出口贸易附加值对短期经济增长的正效应，而且多种实证检验方法中，核心解释变量人均出口贸易附加值都异常稳健。非核心解释变量中，研发支出占 GDP 比重也较为稳健地支持其对短期经济增长的正效应，研发越多，人均 GDP 越大。物资资本存量与人力资本水平并没有体现出对人均 GDP 的正向促进作用，而 FDI 的进入对人均 GDP 具有促进作用，市场化程度也没有正向的促进作用。非核心解释变量表现出与实际不相符合的情况，此种情况的出现可能与模型存在一定程度的多重共线性有关系。表 5.3 列示了物质资本存量、人力资本水平、FDI 占 GDP 比重与市场化程度四个变量之间的相关系数矩阵，结果表明模型存在严重的多重共线性问题，尤其是 X_3 与 X_6、X_4 与 X_5 之间，但由于该问题存在于非核心解释变量中，因此不影响核心解释变量的结果。根据出口贸易与经济增长之间的关系，出口贸易对经济增长具有正向的促进作用，反过来，在经济增长的同时将进一步带动经济体出口贸易的提升。由于一国经济发展水平的提升，其将拥有更充足的财政改造国内的基础设施，并有利于本国物质资本积累与人力资本水平的积累，为出口贸易的进一步发展奠定了基础（Frankel and Romer，1999），而出口总量提升将伴随着总量出口附加值的扩张。因此，二者之间存在相互影响的效应，模型中可能存在内生性问题，从而导致其他非核心解释变量与实际不一致的现象。除此之外，该问题的内生性也表现在遗漏变量与测量误差两个方面（贾中华、梁柱，2014）。基于此，下一节将在处理模型内生性的基础上进一步检验出口贸易附加值对人均 GDP 的影响。

表 5.3　部分变量的相关系数矩阵

变量	X_3	X_4	X_5	X_6
X_3	1.000			
X_4	0.001	1.000		
X_5	−0.102	0.408	1.000	
X_6	0.334	0.296	−0.097	1.000

2. 内生性问题

　　普通最小二乘法成立的最基本条件是解释变量与随机扰动项不相关，这是得到无偏一致估计量的前提，但是现实往往并不成立。解释变量与被解释变量之间存在相互影响关系时，解释变量不再独立于随机扰动项。工具变量法往往是解决内生性问题的重要方法，而工具变量的选择却是该方法利用的前提。部分经济学家已经对该问题进行了有益的尝试，但是寻找到一个与经济体出口贸易密切相关而又独立于经济体经济增长的变量却极其困难，至今经济学家仍然没有一个理想的工具变量解决该内生性问题。根据过去的经验研究，地区与国家的地理特征常常被用来作为出口贸易的工具变量，由于地理特征具有先决性，尤其是国土面积与经济体之间的空间距离，这二者相对独立于经济增长。Frankel & Romer（1999）用经济体与潜在贸易伙伴之间的空间距离作为工具变量，实证检验了 20 世纪的贸易对经济增长的影响，结果更加稳健地支持贸易对经济增长的正效应。Irwin & Tervio（2002）基于经济体所在的维度作为工具变量纠正了内生性问题，同样的工具变量也被 Easterly & Levine（2003）用来研究经济增长问题。地理特征的确已经成为研究经济增长问题中常用的工具变量，最为经典的当属 Acemoglu et al.（2002）对制度与经济增长之间关系的研究，他们用殖民地语言表示制度的工具变量，后期用殖民地的死亡率进一步表示制度的工具变量，足以体现地理特征在研究经济增长问题中充当工具变量的重要性。虽然其遭到了学术界旁敲侧击的批判，但是地理特征作为工具变量仍然是较为理想的选择。中国学者黄玖立、李坤望（2006）在研究中国问题时用到了省际面板数据，将各省会城市到海岸线距离的倒数作为工具变量检验了出口贸易对经济增长的影响。下文将仿照以上研究，利用地理特征作为工具变量解决出口贸易与经济增长之间的内生性问题。

基于当今出口贸易国际格局的思考，出口贸易附加值主要与出口贸易市场有关。当今贸易伙伴主要体现为南北贸易与南南合作的方式，但是从总量出口贸易附加值的视角，发达经济体是出口贸易附加值的主要去向，尤其是以日本、美国与西欧三个主要的出口市场，根据联合国贸发委数据库核算，这三个市场占据了世界出口市场的 70%[①]。因此，将各国沿海港口到这三个国家和地区的最近沿海港口的海岸线距离之和作为出口贸易附加值的工具变量的倒数[②]，并且用日本、美国与西欧三个国家和地区的进口贸易附加值作为权重，将各国首都到这三个国家和地区的海岸线距离之和进行除权处理。具体核算公式如下：

$$1/\ IV_{distance} = \frac{Tiva_{IM_{Japan}}}{\sum\limits_{i=1}^{3} Tiva_{IM}} * distance_{Japan} + \frac{Tiva_{IM_{European}}}{\sum\limits_{i=1}^{3} Tiva_{IM}} * distance_{European} +$$

---

① 西欧地区经济体主要包括奥地利、比利时、捷克、丹麦、德国、西班牙、芬兰、法国、英国、希腊、爱尔兰、意大利、荷兰、葡萄牙、瑞典十五个经济体。

② 日本主要港口包括东京、神户、川崎、横滨、名古屋、北九州六大港口；美国主要港口包括西海岸洛杉矶、西雅图，东海岸纽约、华盛顿；西欧主要港口包括德国汉堡、荷兰阿姆斯特丹、法国马赛与尼斯、西班牙马德里、英国伦敦、曼彻斯特、利物浦。

$$\frac{Tiva_{IM_{US}}}{\sum\limits_{i=1}^{3} Tiva_{IM}} * distance_{US} \qquad\qquad （式 5-1）$$

式 5-1 中，$\sum\limits_{i=1}^{3} Tiva_{IM}$ 表示日本、美国与欧洲三个地区进口贸易附加值总和，$Tiva_{IM_{Japan}}$ 表示日本进口贸易附加值，$distance_{Japan}$ 表示经济体沿海港口到日本沿海港口的最近距离，其他变量以此类推，$IV_{distance}$ 表示出口贸易附加值的工具变量。具体到各国沿海港口到三个国家和地区的距离，根据百度地图来看，日本、美国与西欧三个区域进口贸易附加值根据核算的双边出口贸易附加值加总得到。使用工具变量之前，必须对工具变量的有效性进行检验，工具变量必须满足两个条件：首先是相关性，也即工具变量与内生解释变量相关；其次是外生性，工具变量与扰动项不相关，也即工具变量对被解释变量的影响路径只能通过内生解释变量。本部分实证检验中，工具变量的相关性即人均出口贸易附加值与地理特征表示的工具变量相关。而工具变量的外生性，即地理特征对经济增长的影响只能通过出口贸易，这一问题的研究需要基于定性分析，后续实证检验中将具体针对工具变量的有效性问题展开讨论。进一步的实证分析报告了普通最小二乘法、两阶段最小二乘法、避免弱工具变量的有限信息最大似然法、避免异方差问题与序列相关性问题的两步 GMM 与迭代 GMM 方法。

表 5.4　工具变量法计量分析结果

变量	计量检验方法			
	2SLS	LIML	GMM（两步）	GMM（迭代）
C	0.7419 (1.33)	0.7419 * (1.70)	0.7419 * (1.70)	0.7419 * (1.70)
$lnEx$	0.764 * * * (7.41)	0.786 * * * (7.62)	0.848 * * * (8.12)	0.829 * * * (8.03)
$R\&D$	0.204 * * * (3.75)	0.221 * * * (4.13)	0.239 * * * (4.43)	0.253 * * * (4.58)
$Pcapital$	0.191 * * * (3.46)	0.135 * * * (2.67)	0.243 * * * (3.87)	0.270 * * * (4.17)

续表

变量	计量检验方法			
	2SLS	LIML	GMM（两步）	GMM（迭代）
$Hcapital$	−0.081＊＊ （−2.19）	−0.092＊＊＊ （−2.54）	−0.061 （−1.54）	−0.066 （−1.69）
FDI	−0.190＊＊＊ （−4.84）	−0.208＊＊＊ （−4.95）	−0.225＊＊＊ （−5.35）	−0.213＊＊＊ （−5.07）
$Market$	0.043 （1.52）	0.038 （1.23）	0.103＊＊＊ （3.23）	0.137＊＊＊ （4.03）
$Endow$	−0.141 （−1.20）	−0.135 （−1.15）	−0.221＊ （−1.95）	−0.320＊＊＊ （−2.85）
R^2	0.923	0.872	0.884	0.808
N	182	182	182	182
$Hausman$	4.99＊＊			
$Wald$	871.01	1281.83	1281.83	1281.83
$D-W-H$	5.2189			

注：＊、＊＊、＊＊＊分别表示10%、5%、1%的显著性水平，所用计量软件为STATA12.0版本，括号内数字为系数的 t 值。

根据上表所示，考虑内生性问题以后的结果，核心解释变量人均出口贸易附加值的提升显著促进了代表短期经济增长数量——人均 GDP 的提升，且通过了 1% 的显著性水平。控制变量中，研发支出占 GDP 比重的提升对短期经济增长数量的提升也具有显著的促进作用。物质资本存量对人均 GDP 具有显著的促进作用，进一步证明了资本积累对经济增长的重要性。但人均自然资源要素禀赋量与经济增长之间并没有显著的相关关系，根据"资源诅咒论"，资源丰富的经济体仅仅依靠资源的开采与出口便可以维持本国经济快速增长，便失去了内生的经济发展动力，俄罗斯与日本是上述理论的典型代表（魏国学等，2010；Neary & Wijnbergen，1986；Gelb & World Bank，1988）。令人好奇的是，人力资本水平并没有对人均 GDP 产生正向的促进作用，反而是人力资本水平越低的国家，其人均 GDP 越高，这很有可能是变量选取的问题，对于用人均受教育年限作为人力资本水平的衡量指标，部分经济学家已经指明其存在的问题，尤其是在发展中国家，教育质量参差不齐，受教育年限并不能反映人力资本水平的高低。

相比未处理内生性问题之前，用地理特征作为人均出口贸易附加值的工具变量的估计方法，人均出口贸易附加值对人均 GDP 的正向影响进一步提高，并且在控制变量中，人均物质资本存量更加符合预期。Hausman 内生性检验的结果也支持核心解释变量存在内生性问题，由于是跨国面板数据，因此异方差问题难以避免。基于此，用 Hausman 检验异方差存在情况下的内生性问题，结果仍然支持核心解释变量存在内生性问题。为了避免弱工具变量对计量模型产生的冲击，进一步用对弱工具变量不敏感的有限信息极大似然估计法进行实证分析，结果表明除了估计量的方差存在一定的差别之外，待估参数几乎没有变化。考虑到模型存在的异方差问题与序列相关问题，最优 GMM 估计与迭代 GMM 估计可以较好地规避这两个问题，进一步的实证结果表明最优 GMM 与迭代 GMM 的估计结果与 LIML 估计结果没有发生显著变化。多种计量分析方法结果都稳健地支持人均出口贸易附加值的提升对人均 GDP 的提升具有促进作用，考虑内生性问题之后，人均出口贸易附加值对人均 GDP 的促进作用进一步得到提高。对于中等收入经济体而言，出口贸易仍然是短期经济增长的重要推动力，内含于出口贸易总额中的出口贸易附加值对人均 GDP 的提升意义很大。但短期经济增长仅仅表现于人均 GDP，长期经济增长更加注重经济增长的持续性与经济增长的质量。新经济增长理论指出，技术进步是经济增长的核心动力，而全要素生产率可以代表一国经济增长的长期性与可持续性。下文将基于新经济增长理论的视角，对出口附加值对全要素生产率的影响展开计量分析。

5.1.3　出口附加值对 TFP 的影响

古典经济增长体现为人均 GDP 的提升，而新经济增长体现为一国的技术进步。根据世界经济发展的经验，发达经济体长期持续的发展主要得益于国内技术的进步与全要素生产率的持续改善。因此，基于新经济增长理论视角探究陷入"中等收入陷阱"的经济体出口对经济增长的影响需要研究出口贸易对全要素生产率的影响。选择上一章模型设定二出口贸易附加值对 TFP 影响的计量模型，表 5.5 首先给出了变量的描述性统计，并且图 5.4 相继给出了人均出口贸易附加值与全要素生产率之间的散点图。

表 5.5　变量的描述性统计

变量	样本数	平均数	标准差	最大值	最小值
TFP	182	0.6454	0.226	1.249	0.316
lnEx	182	6.7425	0.926	8.480	4.938
R&D	182	0.6372	0.328	1.286	0.041
Education	182	3.8568	1.019	6.381	1.001
Import	182	32.7181	13.729	71.966	8.905
FDI	182	0.0349	0.037	0.309	−0.026
Patent	182	0.6157	0.275	1.207	0.072
Market	182	0.8103	1.026	8.082	0.000

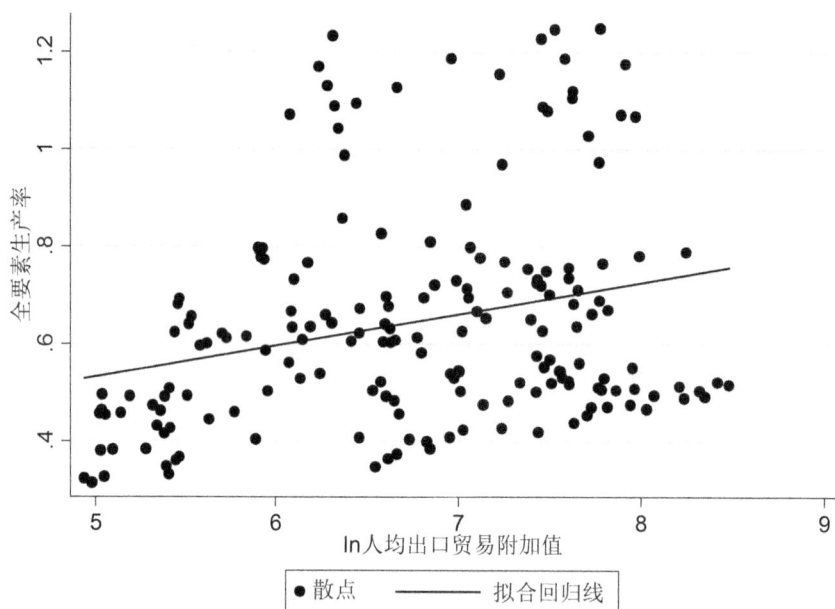

图 5.4　人均出口贸易附加值与 TFP 之间的散点图

根据 TFP 与人均出口贸易附加值的散点图，出口贸易附加值与 TFP 之间呈正相关关系。但是基于以上散点图，分布于拟合回归线的距离太远，因此估计系数会因方差较大而造成估计效果不显著，但大部分散点都集中于全要素生产率低于 0.8 的区间中，因此进一步画出了全要素生产率处于 [0.3，0.8] 之间的散点图。

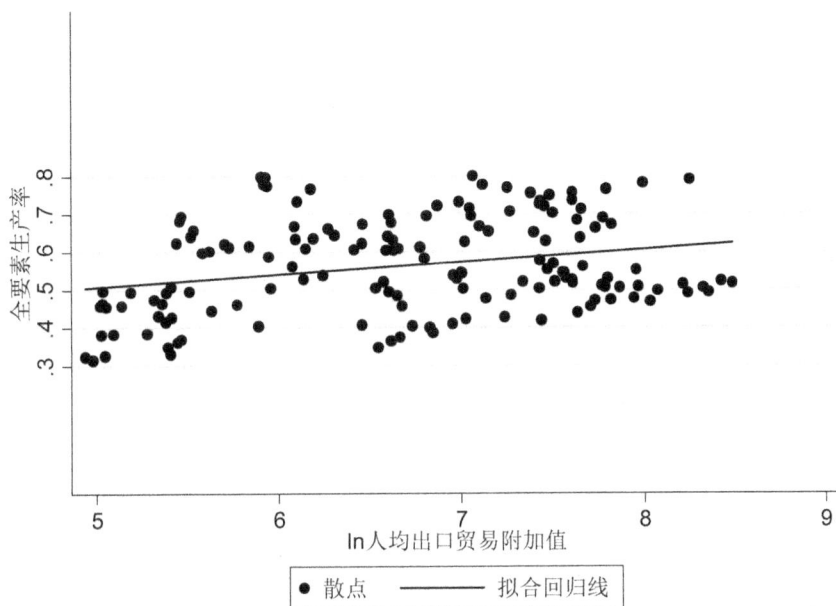

图 5.5   人均出口附加值与 TFP [0.3，0.8] 之间的散点图

根据图 5.5 散点图，全要素生产率处于 [0.3，0.8] 之间时，人均出口贸易附加值与全要素生产率之间的正相关关系进一步降低，从拟合回归线的走势来看，相比全部样本，拟合回归线的斜率进一步下降，这种弱相关关系并不能说明问题。至于具体的出口贸易附加值与 TFP 之间的关系，需要建立在详细计量分析的基础上，下表 5.6 将进一步给出具体的实证分析结果。

表5.6 基本计量分析结果

变量	计量分析方法				
	OLS	OLS	OLS	OLS (TFP<0.8)	2SLS
C	0.166 (1.64)	0.146 (1.55)	−0.217 (0.818)	0.251 * * * (3.48)	−0.487 (−1.39)
LnEx	0.104 (0.76)	0.137 (0.83)	0.129 (0.77)	0.057 * * * (0.36)	0.049 (0.33)
R&D	0.334 * * * (6.37)	0.297 * * * (5.97)	0.121 * * * (2.68)	0.062 (1.65)	0.106 * (1.82)
Education	−0.112 * * * (−6.46)	−0.125 * * * (−7.01)	−0.093 * * * (−6.20)	−0.033 * * * (−2.68)	−0.155 * * * (−8.44)
Import		−0.005 * * * (−3.61)	−0.004 * * (−2.42)	−0.003 * * (−2.30)	−0.007 * * * (−4.54)
FDI		0.427 (1.14)	0.719 (1.67)	0.148 (0.48)	0.614 (1.41)
Market			0.340 * * * (7.59)	0.157 * * * (3.89)	0.314 * * * (6.98)
Patent			−0.005 (−0.09)	0.016 (0.45)	−0.031 (−0.52)
R^2	0.328	0.371	0.484	0.227	0.354
F	18.56	16.20	20.05	7.41	
N	182	182	182	153	182
Hausman					2.35 (0.126)
Wald					102.15

注：*、* *、* * *分别表示10%、5%、1%的显著性水平，所用计量软件为STATA12.0版本，括号内数字为系数的t值，Hausman一栏括号中为原假设的P值。

根据上表所示，第一列首先展示了包含核心解释变量人均出口贸易附加值与两个非核心解释变量研发支出占 GDP 比重与教育支出占 GDP 比重的计量分析结果。结果表明，人均出口贸易附加值系数并不显著，其他两个非核心解释变量对全要素生产率的影响系数——研发支出占 GDP 比重对全要素生产率的影响符合预期，但是教育支出占 GDP 比重对全要素生产率的影响并不符合预期，教育对技术进步的影响会存在滞后效应，或许当期教育投入需要在未来期产生效应。模型进一步增加控制变量，第二列的计量结果在原来模型的基础上增加了进口贸易与 FDI，与传统的技术溢出与扩散路径相悖，长期处于中等收入阶段的经济体，其进口贸易与 FDI 并没有促进本国的技术进步，这可能与该类经济体进口贸易商品的结构以及引进 FDI 的质量有关。进一步引入控制变量之后，核心解释变量的系数并没有多大变化。在第一列与第二列的基础上，模型继续引入控制变量，加入市场化指数与人均国外专利申请数量，根据第三列的回归结果，人均出口贸易附加值对 TFP 的影响系数仍然变动很小。市场化指数对经济体全要素生产率的影响符合预期，由于资源配置的方式更加有效，市场化指数的提升将有利于经济体全要素生产率的改善。但是国外专利申请并没有对经济体全要素生产率产生促进作用，并且显著性水平很低，这可能有两个原因：一是由于国外专利申请以后，国内没有更多的逆向研发能力实现专利破解，导致国内技术进步不能受益于这一国外技术溢出路径；二是由于国内知识产权保护水平普遍提升，国外专利的申请进一步挤出了国内专利申请机会。计量分析进一步将全要素生产率限定在小于 0.8 的范围内，人均出口贸易附加值对全要素生产率的影响进一步降低，并且显著性水平仍然较低。考虑到模型可能存在的内生性，进一步用地理特征作为人均出口贸易附加值的工具变量，进行两阶段最小二乘法回归，同时 Hausman 检验的结果表明模型并不存在内生性问题。

根据上述计量分析结果，基于对古典经济增长理论研究视角与新经济增长理论研究视角的对比，人均出口贸易附加值对 TFP 并不存在促进作用，显然该类经济体的短期 GDP 更受益于出口部门。

5.1.4 不同产业出口附加值占比对 TFP 的影响

长期处于中等收入阶段的经济体，出口贸易附加值对 TFP 的影响微乎其微。根据上文的计量分析，越是全要素生产率低的国家与地区，其出口贸易附加值对全要素生产率的促进作用越小。总量出口贸易附加值对技术进步的影响仅仅反映了中等收入阶段经济体的整体状况，而出口贸易附加值内部的产业结构对技术进步的影响如何却难以反映。过去，学者对出口贸易结构与全要素生产率的研究仍然基于产业间贸易与产业内贸易的总量产业出口数据（苏振东、周玮庆，2009；王永齐，2004），限于核算方法与原始数据，各产业出口贸易附加值数据处于缺失状态，难以对代表各产业出口贸易真实收益的出口附加值与 TFP 之间进行实证分析。本书在 WIOD 数据库发布的历年世界非竞争性投入—产出表的基础上核算了各国历年不同产业的出口贸易附加值数据，为产业分析奠定了基础。基于此，下文将对中等收入阶段经济体不同产业出口贸易附加值对全要生产率的影响进行实证分析，选取上一章的模型设定三，表 5.7 首先给出了变量的统计性描述。

表 5.7　变量的描述性统计

变量	样本数	平均数	标准差	最大值	最小值
TFP	182	0.6454	0.226	1.249	0.316
Z_1	182	0.6159	0.0370	0.1744	0.0084
Z_2	182	0.2445	0.1377	0.6039	0.0707
Z_3	182	0.1846	0.0479	0.3835	0.0999
Z_4	182	0.1237	0.0507	0.2178	0.0419
Z_5	182	0.1224	0.0676	0.2866	0.0107
Z_6	182	0.2415	0.1227	0.4806	0.0428
$lnEx$	182	6.7425	0.926	8.480	4.938
$R\&D$	182	0.6372	0.328	1.286	0.041
$Education$	182	3.8568	1.019	6.381	1.001
$Import$	182	32.7181	13.729	71.966	8.905
FDI	182	0.0349	0.037	0.309	−0.026
$Patent$	182	0.6157	0.275	1.207	0.072
$Market$	182	0.8103	1.026	8.082	0.000

其中，Z_1、Z_2、Z_3、Z_4、Z_5、Z_6 分别表示农业部门、低技术工业部门、中低技术工业部门、中高技术工业部门、高技术工业部门、服务业部门出口贸易附加值占总量出口贸易附加值的比重。

进一步展开详细的实证研究，首先图 5.6 展示了 11 个样本经济体被解释变量 TFP 的变化趋势。根据该 11 个经济体全要素生产率的变化趋势，各有差异，巴西与印度尼西亚的 TFP 相对保持平稳，墨西哥有下降趋势，而波兰则逐渐上升。在一定程度上，全要素生产率静态意义上与动态意义上的差异将有助于估计不同产业出口附加值占比对 TFP 的影响。进一步的计量分析结果见

表 5.8。

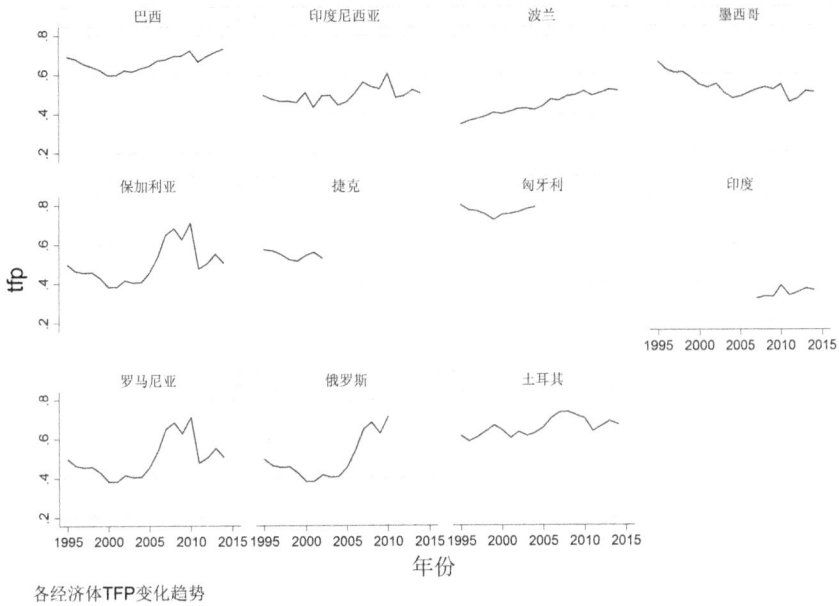

各经济体TFP变化趋势

图 5.6　样本国家 TFP 变化趋势

表 5.8　计量分析结果

变量	计量分析方法				
	OLS	FE	RE	差分 GMM	系统 GMM
C	0.034	0.274＊＊＊	0.262＊＊＊	0.488	0.488
	（0.29）	（3.23）	（2.66）	（1.30）	（1.30）
L. TFP				−1.904＊	−1.241＊＊
				（−1.84）	（−2.37）
L2. TFP				2.034＊＊＊	0.839＊＊＊
				（2.57）	（4.69）
LnEx	0.087＊＊＊	0.066＊＊＊	0.066＊＊＊	−0.101＊＊	−0.139＊＊
	（4.21）	（4.02）	（4.02）	（−2.59）	（−2.27）

续表

变量	计量分析方法				
	OLS	FE	RE	差分 GMM	系统 GMM
Z_1	−0.173＊＊	−0.151＊＊	−0.161＊＊	−0.372＊＊＊	−0.341＊＊＊
	(−2.74)	(−2.59)	(−2.68)	(−4.39)	(−4.01)
R&D	0.048＊	0.069＊＊	0.069＊＊	0.092＊＊＊	0.094＊＊＊
	(2.21)	(2.43)	(2.38)	(2.63)	(2.54)
Education	0.039	0.001	0.001	0.000	0.000
	(0.74)	(0.06)	(0.07)	(0.01)	(0.01)
Import	0.142＊	0.197＊＊＊	0.198＊＊＊	0.318＊＊＊	0.298＊
	(1.97)	(3.16)	(3.32)	(2.94)	(2.26)
FDI	−0.374＊＊	−0.441＊＊	−0.441＊＊	−0.240＊＊＊	−0.244＊＊＊
	(−2.94)	(−2.72)	(−2.69)	(−3.94)	(−3.75)
Market	0.441＊＊＊	0.397＊＊＊	0.397＊＊＊	0.194＊＊＊	0.192＊＊＊
	(6.95)	(9.51)	(9.46)	(7.48)	(7.93)
Patent	0.091	0.047＊	0.047＊	−0.019	−0.017
	(1.39)	(2.21)	(2.28)	(0.14)	(0.23)
R^2	0.428	0.442	0.441		
AR(1)				0.0003	0.0000
AR(2)				0.1139	0.0763
F	13.09＊＊＊	137.59＊＊＊			
Sargan				0.0947	0.1318
N	182	182	182	149	160
rho		0.838	0.837		
Hausman			24.69		
Wald			1397.54	27.49	433.55

注：＊、＊＊、＊＊＊分别表示 10%、5%、1%的显著性水平，所用计量软件为 STATA12.0 版本，括号内数字为系数的 t 值，后续计量分析结果仍然沿用此注，不再重复赘述。

表 5.8 首先给出了混合回归的计量分析结果，并且使用以国家为聚类变量的聚类稳健标准，以避免同一国家内部相邻年份的扰动项存在的自相关问题。计量结果表明，农业部门出口贸易附加值占比的提升阻碍了经济体全要素生产率的进步，且通过了 5% 的显著性水平。整体出口贸易附加值对全要素生产率具有促进作用，但是根据回归系数，这种正向的促进作用并不明显；研发对全要素生产率的回归系数虽然为正，但是也并不显著，仅通过了 10% 的显著性水平；教育投入对全要素生产率几乎没有影响，且系数也不显著；进口贸易促进了全要素生产率的进步，而且通过了 10% 的显著性水平，可能存在进口贸易的技术溢出效应；与国际技术溢出与扩散机制相背离的是 FDI 的系数显著为负，国外直接投资并没有促进东道国的技术进步，该悖论或许与东道国有限的逆向研发能力以及东道国薄弱的制度环境有关（国胜铁、钟廷勇，2014；何兴强等，2014）；市场化水平对全要素生产率具有显著的正向促进作用，且其影响系数较大，在中等收入阶段，市场化水平的提升可以有效实现资源的更优化配置，同样数量投入的生产要素会获得更大的产出。为了避免可能存在不随时间而变的遗漏变量，模型进一步给出了固定效应的回归结果，仍然使用聚类稳健标准误。根据 rho 的结果，模型复合扰动项的方差主要来自不同经济体误差项的变动，因此固定效应模型的回归结果要优于混合回归的结果。核心解释变量农业部门出口贸易附加值占比的系数显著性进一步降低，其他解释变量的系数与显著性并没有太大变化。考虑到各经济体的随机误差项可能与模型中的解释变量均不相关，进一步给出了随机效应的回归结果，但是系数的显著性仍然没有太大的变化，因此模型中的内生性问题导致了回归结果的偏误与准确性。同时，由于全要素生产率具有时间变化的连贯性，因此基于动态面板数据的建模分析显得十分有必要，表 5.8 最后两列进一步给出了差分 GMM 与系统 GMM 的回归结果。

差分 GMM 模型中，加入了上文中总量出口贸易附加值模型外的工具变量，将地理特征作为模型外的工具变量，同时将被解释变量的滞后一期与滞后二期加入解释变量中。差分 GMM 的使用前提是模型扰动项不存在自相关，但是 AR（1）检验结果显示模型存在一阶自相关，但不存在二阶自相关。过度识别检验的 Sargan 值进一步说明模型的工具变量均有效，实证分析结果进一步得到优化。核心解释变量农业部门出口贸易附加值占比阻碍了全要素生产率的进步，正如上文计量分析结果显示，总量出口贸易附加值也阻碍了全要素生产率的进步，其他解释变量系数并没有发生太大变化，但是系数更加显著。考虑到模型的被解释变量存在较强的持续性，因此差分 GMM 可能不太适用，表 5.8 进一步给出了系统 GMM 的估计结果。与差分 GMM 相比，系统 GMM 可以进一步提高估计的准确性，上表系统 GMM 的估计结果与差分 GMM 相比并没有发生实质性的变化。系数的显著性与系数的大小基本保持在合理的浮动区间，进一步避免了差分 GMM 的弱工具变量问题。从整体上来看，核心解释变量农业部门出口贸易附加值占比阻碍了全要素生产率的进步。对于陷入"中等收入陷阱"的经济体，农业部门出口占有重要的比重。以东南亚经济体为例，水稻、玉米、蔗糖等农作物出口占据出口贸易的重要地位；而南美洲经济体拥有的天然牧场导致畜牧业出口占出口贸易的比重较高。农业部门是劳动力密集型与自然资源禀赋集中使用的产业部门，其内含的技术水平并不高，因此该产业部门出口并不利于出口国的技术进步。

限于篇幅，本书并没有汇报完整的如上表所示的其他部门出口贸易附加值占比与 TFP 之间的计量结果，仅仅汇报了核心解释变量的系数与显著性水平，如表 5.9 所示。

表 5.9　其他产业部门计量结果

变量	计量分析方法				
	OLS	FE	RE	差分 GMM	系统 GMM
Z_2	−0.092 *	−0.041	−0.059	−0.273 * * *	−0.266 * * *
	(−1.77)	(−0.97)	(−1.18)	(−3.63)	(−3.51)
Z_3	0.031	0.074	0.072	−0.126 *	−0.126 *
	(0.97)	(1.18)	(1.19)	(−1.87)	(−1.84)
Z_4	0.421 * * *	0.053	0.054	0.397 * * *	0.396 * * *
	(5.73)	(0.91)	(0.96)	(4.74)	(4.76)
Z_5	0.091	0.173 *	0.119	0.229 * *	0.227 * *
	(1.14)	(1.76)	(1.42)	(2.07)	(2.05)
Z_6	−0.373 * * *	−0.091	−0.090	−0.211 * * *	−0.212 * * *
	(5.28)	(0.90)	(0.89)	(3.79)	(3.80)

根据表 5.9 所示，长期处于中等收入阶段的经济体，其出口贸易附加值产业占比对全要素生产率的影响具有其特殊性：低技术制造业部门出口贸易附加值占比对全要素生产率具有负向的阻碍作用，长期依赖低技术部门的出口，即使创造的附加值再多，其经济体内部的全要素生产率也难以得到提升；中低技术部门出口贸易附加值占比对全要素生产率的影响仍然体现为负向的阻碍作用，但是其系数已经远远小于低技术部门；低技术制造业部门与中低技术制造

业部门包括的产业部门主要是成熟商品的制造，大多为低端生产要素的聚合生产，以造纸、低技术机械制造、原材料回收利用等产业为代表的低技术制造业部门与中低技术制造业部门内含的技术水平普遍较低，不论从技术溢出与扩散视角还是需求引致的创新视角，这两类产业部门均难以对中等收入阶段经济体的技术进步产生积极的促进作用。中高技术部门出口贸易附加值占比对全要素生产率的影响开始转变为正向的促进作用，而且作用系数达到最大化。对于非技术前沿经济体，技术溢出与扩散需要基于出口国的技术水平以及技术吸收能力，中高技术制造业部门内含的技术水平并非最高，而且中等收入经济体也具有逆向研发以及模仿创新的能力，因此中高技术制造业部门出口是最有利于该类经济体技术进步的产业部门；随着出口部门技术水平的提升，高技术部门出口贸易附加值占比对全要素生产率的边际促进作用开始降低，系数与显著性开始低于中高技术部门，进一步观察高技术部门出口商品的种类，大多为发达国家跨国公司主导的高技术商品出口，借助于中等收入国家较低的成本优势实现生产，但是由于严格的知识产权保护制度以及跨国公司对专有技术的秘密协定，在逆向研发能力有限的情况下，高技术制造业部门出口对出口国的技术进步促进作用有限；服务业部门出口贸易附加值占比对全要素生产率的影响呈现出负向的关系，中等收入经济体服务业部门的出口主要基于成熟劳动力生产要素的出口，以家政服务、发达经济体农业生产需求为主的出口并没有技术含量，而高端服务业发展的不成熟显现出服务业出口优势缺失，进而导致中等收入经济体服务业出口难以促进该类经济体的技术进步。

长期处于中等收入阶段的经济体，其各产业出口贸易附加值占比对全要素生产率的影响之所以展现出以上特征，有其内在的原因。根据最优技术吸收理论，中高技术制造业部门出口是最易于被中等收入经济体所消化的技术部门，其技术溢出与扩散相对较为容易。总量出口贸易附加值背后的产业结构对全要素生产率的影响在各产业间具有较大的异质性，整体上出口贸易附加值对长期处于中等收入阶段经济体的全要素生产率并没有较显著的影响，但是不同产业间却存在正向与负向的影响关系。

5.1.5　不同目的地出口附加值占比对 TFP 的影响

不同出口目的地的经济发展水平、消费习惯、消费能力以及风俗习惯存在较大差异，因此不同国家对出口商品的需求存在较大的异质性。在产业间贸易与产业内贸易阶段，发达经济体由于较高的人均收入，所以对商品质量具有较高的要求，所需求商品中内含的技术水平也较高，但同时发达经济体对高质量的农副产品与手工业品也具有较大的需求。同时，为了供给发达经济体工业化所需的原材料，落后经济体也大量出口廉价的能源与矿产资源，这也契合落后经济体的比较优势。但是在产品内贸易阶段，国际分工的扩大与每一生产环节在全球范围内最优生产区位的寻找，使得落后经济体也开始参与国际生产体系中，其出口的商品不再代表本国的比较优势。单纯考察终端商品的种类与出口值研究落后经济体出口贸易显然难以窥探其出口贸易的真实现状。本书进一步研究中等收入阶段经济体不同出口目的地的贸易附加值占比对其技术进步的影响，利用上一章中模型设定四，首先给出了变量的统计性描述指标，如表 5.10。

表 5.10 变量的描述性统计

变量	样本数	平均数	标准差	最大值	最小值
TFP	182	0.6454	0.226	1.249	0.316
Z_1	182	0.426	0.053	0.579	0.336
Z_2	182	0.128	0.059	0.249	0.009
Z_3	182	0.267	0.122	0.416	0.025
Z_4	182	0.123	0.122	0.458	0.025
Z_5	182	0.056	0.039	0.185	0.006
$lnEx$	182	6.7425	0.926	8.480	4.938
$R\&D$	182	0.6372	0.328	1.286	0.041
$Education$	182	3.8568	1.019	6.381	1.001
$Import$	182	32.7181	13.729	71.966	8.905
FDI	182	0.0349	0.037	0.309	−0.026
$Patent$	182	0.6157	0.275	1.207	0.072
$Market$	182	0.8103	1.026	8.082	0.000

其中，Z_1、Z_2、Z_3、Z_4、Z_5 分别表示发展中经济体出口到发达经济体贸易附加值占比、出口到发展中经济体贸易附加值占比、出口到西欧地区贸易附加值占比、出口到北美地区贸易附加值占比、出口到金砖经济体贸易附加值占比。

对二者之间的关系进行详细的计量分析，首先利用面板数据的混合回归模型进行基本计量分析，在此基础上考虑个体效应与解释变量的相关性，进一步给出面板数据固定效应模型与随机效应模型的估计结果。同时，考虑内生性问题、异方差问题、自相关问题，给出动态面板数据模型的估计结果。由于不能同时将不同出口目的地贸易附加值占比放入同一计量模型中，因此首先给出中等收入经济体出口到发达经济体贸易附加值占比与全要素生产率之间的计量结果，具体估计结果见表 5.11。

表 5.11　出口发达经济体附加值占比与 TFP 的计量分析结果

变量	计量分析方法				
	OLS	FE	RE	差分 GMM	系统 GMM
C	0.489 * * *	0.221 * * *	0.247 * * *	0.518	0.535
	(2.88)	(2.53)	(2.69)	(1.46)	(1.39)
$L.TFP$				−1.531 *	−1.441 * *
				(−1.77)	(−2.07)
$L2.TFP$				1.314 * * *	1.183 * * *
				(3.19)	(4.07)
$LnEx$	0.126 * * *	0.058 * * *	0.059 * * *	−0.141 * *	−0.138 * *
	(6.79)	(3.82)	(4.01)	(−7.83)	(−7.47)
Z_1	−0.256 * * *	−0.151 *	−0.155 *	−0.275 * * *	−0.241 * * *
	(−3.46)	(−1.89)	(−1.93)	(−3.51)	(−3.01)
$R\&D$	0.004	0.066 * *	0.068 * *	0.089	0.091
	(0.07)	(2.73)	(2.68)	(0.63)	(0.54)
$Education$	0.089 * * *	0.026	0.025	0.003	0.002
	(5.92)	(1.03)	(0.97)	(0.17)	(0.11)
$Import$	−0.206 * * *	0.187 * *	0.188 * *	0.018	0.019
	(3.46)	(3.26)	(3.31)	(0.94)	(1.06)
FDI	−0.374 * *	−0.441 * * *	−0.441 * *	−0.240 * *	−0.244 * *
	(−2.94)	(−3.12)	(−3.19)	(−2.21)	(−2.25)
$Patent$	−0.147	−0.341 * *	−0.341 * *	−0.291 *	−0.289 *
	(−0.98)	(−2.55)	(−2.59)	(−1.88)	(−1.75)
$Market$	0.381 * * *	0.395 * * *	0.395 * * *	0.204 * * *	0.212 * * *
	(7.61)	(7.87)	(7.73)	(5.48)	(5.63)
R^2	0.509	0.459	0.458		
$AR(1)$				0.0014	0.0013

变量	计量分析方法				
	OLS	FE	RE	差分 GMM	系统 GMM
$AR(2)$				0.0839	0.0793
F	73.07 * * *	98.59 * * *			
Sargan				0.0913	0.1201
N	182	182	182	149	160
rho		0.739	0.737		
Hausman			19.61		
Wald			1397.54	27.49	433.55

根据表 5.11 所示，总体上中等收入经济体出口到发达经济体的贸易附加值占比阻碍了中等收入经济体全要素生产率水平的提升，这表明中等收入经济体对发达经济体的出口仅仅获取了短期收益，其技术水平并没有获取长足的进步。仔细深挖中等收入经济体对发达经济体的出口商品种类，其出口主要以原材料、能源等矿产资源为主，出口商品的低技术含量与对自身自然禀赋出口的过度依赖将形成出口商品种类的固化，该类出口模式进一步扩大了中等收入经济体与发达经济体之间的技术差距，从而更加大了其进行技术创新的难度，技术进步的积极性更加钝化。以俄罗斯为例，其出口到发达经济体的商品主要是石油、铁矿石、煤炭等自然资源，该类商品几乎没有内含的技术水平，因此其出口仅仅给俄罗斯带来 GDP 的短期收益，其国内的技术水平不仅没有进步，反而在长期依赖该类商品出口的惯性下，降低了其技术进步的积极性。在此基础上观察中等收入经济体出口到发达经济体中间商品附加值占总附加值比重，以 2014 年为例：巴西出口到发达经济体的附加值中，中间商品只占 12.15%，印尼只占 6.08%，而墨西哥更是地址 4.72%。中等收入经济体出口阻碍技术进步的机理机制类似于"资源诅咒论"。其他控制变量与在研究不同产业中等收入经济体出口贸易附加值占比对全要素生产率的影响中的结果变化不大，具体不再赘述。表 5.12 进一步给出了中等收入经济体出口到其他几类经济体贸易附加值占比对全要素生产率的影响结果。

表 5.12　剩余地区出口附加值占比对 TFP 影响的计量结果

变量	计量分析方法				
	OLS	FE	RE	差分 GMM	系统 GMM
Z_2	0.482＊＊＊ （3.37）	0.241＊ （1.97）	0.219 （1.72）	0.263＊＊ （2.53）	0.266＊＊ （2.61）
Z_3	0.131＊＊＊ （2.97）	0.114＊＊ （2.45）	0.112＊＊ （2.49）	0.076＊ （1.87）	0.072＊ （1.84）
Z_4	−0.237＊＊＊ （−4.77）	−0.453＊＊＊ （−6.91）	−0.454＊＊＊ （−6.96）	−0.097＊ （−1.74）	−0.096＊ （−1.72）
Z_5	−0.041＊ （−1.64）	−0.047＊ （−1.77）	−0.290＊＊＊ （−6.42）	−0.129＊＊＊ （−2.57）	−0.127＊＊ （−2.45）

根据表 5.12 所示，中等收入经济体出口到发展中经济体贸易附加值占比有利于本国全要素生产率水平的提升。中等收入经济体与发展中经济体的技术水平相当，其与发展中经济体之间的贸易基本处于对等地位，由于处于全球价值链的生产加工环节，中等收入经济体也为发展中经济体的生产加工提供部分中间品，这将一定程度上刺激中等收入经济体的技术进步。进一步核算中等收入经济体出口到发展中经济体中间品附加值占比，大部分年份都超过了 60%。中等收入经济体出口到西欧地区贸易附加值占比同样有利于本国全要素生产率水平的提升，但是系数显著性并不高，同时系数绝对值也不大，进一步表明中等收入经济体出口到西欧地区的贸易附加值占比可能对本国全要素生产率水平没有太多影响。再次观察中等收入经济体出口到西欧地区的商品种类，除了少部分工业制成品，主要以自然资源、工业用原材料、农业部门出口为主，这类商品的内含技术水平有限，因此难以大幅度对中等收入经济体产生技术进步效应。中等收入经济体出口到北美地区的贸易附加值占比阻碍了本国全要素生产率水平的提升，美国作为北美最大的经济体，美国从中等收入国家大量进口能源与矿产资源，导致中等收入经济体出口到北美地区的商品结构与发达经济体相似。中等收入经济体出口到金砖经济体的贸易附加值占比同样阻碍了中等收入经济体的技术进步，基于全球视角的发展经济学，中等收入经济体与金砖经济体在发展中已经形成竞争的关系，金砖国家展现出的良好发展预期以及金砖经济体吸引的大量外资，致使中等收入经济体的出口逐渐成为金砖国家发展的附庸，为金砖经济体提供大量的能源与原材料，同时中等收入国家的高端生产

要素也以出口的形式输入到金砖经济体，进一步降低了国内技术创新的源泉。

5.1.6　小结

基于以上对中等收入经济体出口贸易对经济增长的多维视角分析：立足于古典经济增长理论的视角，中等收入经济体出口附加值的提升有利于人均产出的增长；但是基于新经济增长理论的视角，中等收入经济体出口贸易附加值的提升虽有利于其技术进步，但是作用系数较小，相比该类经济体的短期经济体增长更受益于其出口部门。进一步探究不同产业出口贸易附加值占比与不同地区出口贸易附加值占比对其技术进步的影响，陷入"中等收入陷阱"的经济体出口商品主要以自然资源、能源与矿产资源以及农畜产品为主，工业部门出口占比并不高，薄弱的工业基础以及嵌入全球价值链的深度与位置均表明该类经济体出口在国际竞争中地位较低，出口贸易难以促进经济的长足进步。如果不从根本上改变低端出口模式，随着国内自然资源的稀缺以及全球竞争格局的进一步深化，该类经济体将更加难以脱离中等收入水平。

5.2　发达经济体出口贸易对经济增长的影响

5.2.1　引言

二战以后，全球贸易迅速发展，在以苏联为首的社会主义阵营普遍实施计划经济的背景下，全球贸易的主要推动力集中于以北大西洋两岸为主的发达经济体之间。而随着北大西洋两岸之间贸易的繁荣与发展，北美地区与西欧地区率先发展成为发达经济体的第一阵营。在产业间贸易与产业内贸易阶段，发达经济体出口贸易体量与经济增长几乎同步递增，在北大西洋两岸实现了商品的互通有无与经济的共同发展，古典贸易理论与新贸易理论大体可以解释这一时期发达经济体出口贸易对经济增长的正向作用。20世纪中叶，日本与"亚洲四小龙"经济体先后步北大西洋经济体的后尘，主动纳入全球生产体系中，进一步推动了全球贸易的发展。后续中国的改革开放、印度的经济制度改革、苏联的解体导致全球生产体系版图进一步扩大。国际生产体系参与者所具有的要素禀赋差异，加之远洋运输成本的降低与信息通信技术的发展助推国际贸易从产业间贸易与产业内贸易进入产品内贸易阶段，国际生产分割大行其道，全球贸易进入由发达经济体主导的全球价值链分工体系。而随着跨国公司降低成本的诉求逐渐得到满足，全球的供给已经主要由发展中经济体来承担，发达经济体出口贸易占 GDP 比重已经远远小于部分发展中经济体。在出口贸易量并没有显著增长的背景下，发达经济体的经济增长仍然稳步提升。尤其是以美国、英国、法国、德国为主的老牌发达经济体，这种现象与陷入"中等收入陷阱"的经济体形成了鲜明对比。难道发达经济体经济增长有了可以替代出口贸易的动力因素了吗？产品内贸易阶段，究竟出口贸易如何影响发达经济体的经济增长？过去单纯以数量衡量为主的评价体系难以揭示发达经济体出口贸易与经济增长之间的真实关系，或许基于新经济增长技术进步的视角可以在一定程度上揭示发达国家的出口秘密。

5.2.2　出口附加值对 GDP 的影响

基于过去的研究框架，以古典经济增长理论展开研究，首先对发达经济体出口附加值与 GDP 之间展开计量分析，以反映出口贸易对短期经济增长的影响。我们采取上一章模型设定中的计量模型一。在样本选取中，部分新兴经济体已经跨入发达经济体的行列，因此难以完全区分发达经济体。其中经济合作与发展组织是一个由较为发达的市场经济国家组成的国际组织，其内部成员国经济发达程度与社会发展水平普遍较高，尤其是在出口贸易质量与出口商品技术含量以及国内跨国公司数量与规模中，OECD 经济体普遍高于其他非 OECD 国家。考虑到研究数据的可获得性与齐整性，本书选取 WIOD 数据库中 16 个 OECD 成员国作为该部分研究的样本国家[①]，数据涵盖样本时间 1995—2014 年。具体的变量说明、变量核算过程与数据来源，上文中已经给出。出口贸易附加值与经济增长之间存在相互影响的关系，这将导致模型存在内生性问题。计量结果中除了给出 OLS 回归结果与随机效应、固定效应回归结果之外，工具变量 2SLS 回归结果一并给出。首先给出上述变量的描述性统计分析结果，如表 5.13 所示。同时，为了初步判断发达经济体人均出口贸易附加值与人均 GDP 之间的关系，进一步给出样本经济体二者之间的散点图，如图 5.7 所示。

---

① 样本国家包括澳大利亚、奥地利、比利时、加拿大、德国、丹麦、西班牙、芬兰、法国、英国、爱尔兰、意大利、日本、荷兰、葡萄牙、美国。韩国、瑞典、希腊、卢森堡、爱沙尼亚、墨西哥、波兰、土耳其、捷克不在样本国家中。非样本国家中，韩国已经单独研究其出口贸易对经济增长的影响；瑞典数据不齐整；希腊已经陷入债务危机，不具有代表性；卢森堡与爱沙尼亚经济权重较小；墨西哥、波兰、土耳其、捷克已经列入中等收入经济体研究范畴。

表5.13 变量的描述性统计

变量	样本数	平均数	标准差	最大值	最小值
GDP	320	10.41	0.373	11.14	9.35
LnEx	320	8.89	0.662	10.38	7.39
R&D	320	3.35	1.285	5.87	1.70
LnPcapital	320	11.14	0.329	11.69	9.37
Hcapital	320	10.57	1.447	13.51	6.69
FDI	320	3.59	1.975	6.49	0.37
Market	320	1.29	0.561	3.18	0.43
LnEndow	320	5.22	1.696	8.95	1.62

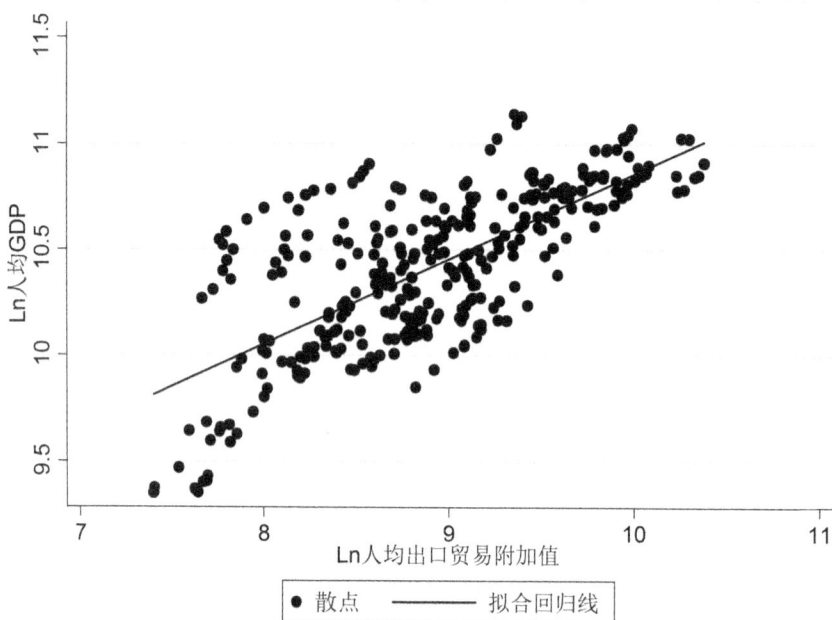

图5.7 发达经济体人均出口附加值与人均 GDP 之间散点图

根据上示散点图，发达经济体人均出口贸易附加值与人均 GDP 之间存在较为明显的正相关关系，斜率为正的拟合回归线可以预期实证分析，人均出口贸易附加值将对人均 GDP 产生正向的促进作用。但是进一步观察二者之间的拟合回归线，在人均出口贸易附加值相对较低时，人均 GDP 的对数值分布较为分散，方差较大。同时，贸易与经济增长二者之间的内生性问题也将迷惑出口贸易对经济增长的真实影响系数，因此二者之间的关系有待于进一步的实证分析。表 5.14 列示了模型的实证分析结果，具体包括混合回归的普通最小二乘法、随机效应与固定效应、控制内生性问题的两阶段最小二乘法、避免异方差问题的 GMM 估计结果。内生变量的工具变量选择如上文所述，继续使用地理特征作为人均出口贸易附加值的工具变量。

表 5.14　基本计量分析结果

变量	计量分析方法				
	OLS	FE	RE	2SLS	GMM
C	4.953 * * * (18.32)	3.659 * * * (9.54)	3.715 * * * (9.84)	4.911 * * * (16.30)	4.913 * * * (16.12)
$LnEx$	0.536 * * * (15.44)	0.782 * * * (31.26)	0.751 * * * (31.05)	0.315 * * * (13.60)	0.315 * * * (13.44)
$R\&D$	0.170 * * * (10.93)	0.117 * * * (7.29)	0.114 * * * (6.33)	−0.103 * * * (−4.66)	−0.112 * * * (−4.93)
$LnPcapital$	0.014 (0.26)	0.005 (0.12)	0.003 (0.06)	0.218 * * (3.71)	0.211 * * (3.40)
$Hcapital$	0.092 * * * (7.69)	0.010 (1.09)	0.032 * * * (3.59)	0.091 * * * (7.43)	0.090 * * * (7.41)
FDI	−0.174 * * * (−3.94)	−0.141 * * * (−3.12)	−0.141 * * (−3.19)	−0.087 * * (−2.21)	−0.089 * * (−2.25)
$Market$	0.037 * * (1.96)	−0.075 * (−1.80)	0.021 (0.87)	0.036 * * (1.98)	0.035 * * (1.94)
$LnEndow$	−0.009 (−1.25)	0.031 * * (2.19)	0.025 * * (2.13)	−0.071 * (−2.92)	−0.073 * * (−3.09)
R^2	0.8637	0.9436	0.9417	0.8597	0.8597
F	388.07 * * *	778.27 * * *			
N	320	320	320	320	320

续表

变量	计量分析方法				
	OLS	FE	RE	2SLS	GMM
rho		0.9055	0.6315		
Hausman			19.23		
Chi2(P)				0.473	
Wald			4172.60		2080.23

根据表 5.14 计量结果所示，发达经济体人均出口贸易附加值对人均 GDP 产生了显著的促进作用，出口贸易附加值作为出口贸易的真实收益，可以作为 GDP 的一部分。这表明，不仅中等收入经济体短期经济增长受益于出口贸易附加值的增长，发达经济体的短期经济增长也将受益于其出口贸易附加值的增长。各种计量分析结果都显著地支持这一结论，但是考虑内生性问题之后，发达经济体出口贸易附加值对短期经济增长的促进作用有所降低，系数下降了接近三分之一。相比中等收入经济体，发达经济体的经济增长对出口贸易的依赖程度有所降低。考虑异方差结果之后的 GMM 回归结果与 2SLS 回归结果相比，并没有发生显著变化。

控制变量中，未考虑内生性问题之前，部分系数并不符合预期，考虑内生性问题以后，两阶段最小二乘法的回归结果中，非核心解释变量的系数与预期结果更加符合。其中，在两阶段最小二乘法中，进口贸易占 GDP 比重对人均 GDP 产生了阻碍作用，系数虽然较为显著，但是系数接近于零。这说明发达经济体中，进口贸易对经济增长几乎没有太大的影响，除了满足本国居民的物质生活需要以及价值链生产所需的中间商品进口之外，其对经济增长没有多大意义，甚至由于进口的存在，导致国内同类产业受到冲击，不利于稚嫩产业的培育与保护。物质资本存量对短期经济增长的贡献系数也较小，这进一步说明在发达经济体经济增长依赖的内生动力中，物质资本存量并非极其重要。发达经济体内生经济增长动力中，生产已经让位于消费部门，消费对经济增长的拉动远远高于投资，因此物质资本存量对经济增长的促进作用要低于陷入"中等收入陷阱"的经济体。人力资本水平与市场化指数对经济增长的正效应符合预期，系数虽然较小，但是较为显著，无疑发达经济体经济增长的动力更加多元，多维积极因素的共同作用导致了发达经济体较高的经济发展水平。在控制变量中，要素禀赋的系数为负，而且系数的绝对值要大于进口贸易的系数。

在部分发展中经济体中，存在资源越多，长期经济增长越难以逃脱"资源诅咒论"（魏国学等，2010）。或许发达经济体也难以逃脱"资源诅咒论"，随着经济增长依靠动力进一步往纵深方向发展，资源对于高收入经济体的意义更是微乎其微，进口他国资源已经成为规避资源短板的重要路径。

基于古典经济增长理论，考察发达经济体出口对经济增长的影响并不能探究该类经济体出口贸易对经济增长影响的全部。对于发达经济体而言，出口贸易总量占 GDP 比重并不高，但是其经济增长表现却远远好于陷入"中等收入陷阱"的经济体。进一步将研究视角转移到新经济增长理论中，探究该类经济体出口贸易对经济增长的影响需要基于长期经济增长的表现，而长期经济增长由经济体的技术进步决定，下文将继续探究该话题，进一步研究发达经济体出口对技术进步的影响。

5.2.3　出口附加值对 TFP 的影响

借鉴上文对中等收入经济体的研究方法与思路，研究发达经济体出口贸易附加值对技术进步的影响。首先展开总量出口贸易附加值对该类经济体技术进步影响的研究，选取上一章模型设定二，具体的指标测算过程与数据来源上文已经给出，具体不再赘述。对于模型中变量，进一步给出变量的描述性统计指标，并给出了核心解释变量人均出口贸易附加值与全要素生产率之间的散点图，以对二者之间的相关关系做初步判断，如表 5.15 与图 5.8 所示。

表 5.15　变量的描述性统计

变量	样本数	平均数	标准差	最大值	最小值
TFP_{it}	320	1.841	0.588	3.217	0.612
$ln\,Ex_{it}$	320	8.897	0.662	10.375	7.399
$R\&D_{it}$	320	2.004	0.719	3.748	0.524
$Education_{it}$	320	5.202	1.045	8.618	2.972
$Import_{it}$	320	36.354	18.286	95.870	7.708
FDI_{it}	320	3.59	1.975	6.49	0.37
$ln\,Patent_{it}$	320	0.670	0.803	3.564	0.014
$Market$	320	1.289	0.561	3.179	0.431

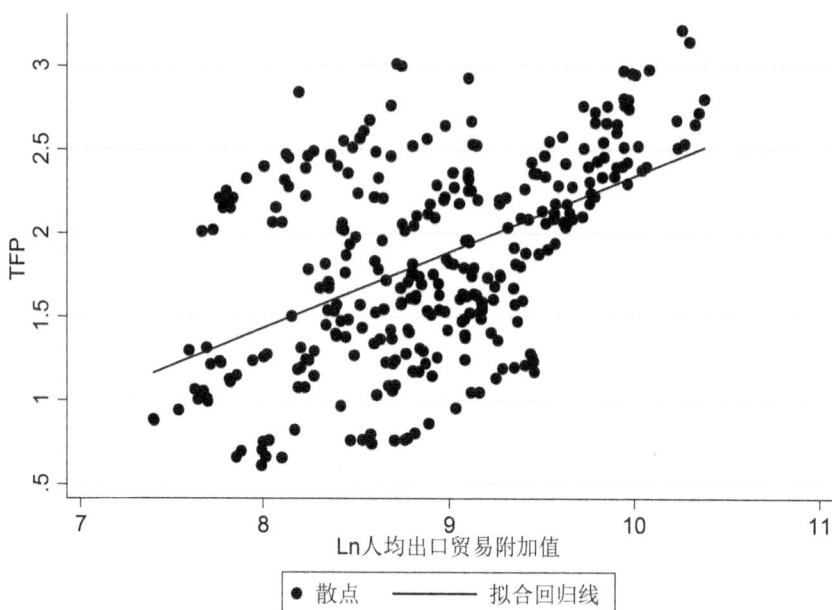

图 5.8 发达经济体出口附加值与 TFP 之间的散点图

根据以上散点图，发达经济体人均出口贸易附加值与全要素生产率之间呈现正相关的关系，但是在人均出口贸易附加值较低的时候，全要素生产率的分布更加分散，底部的发散或许存在底部异方差现象。在人均出口贸易附加值较低的时候，可能存在其他的因素影响全要素生产率的表现，发达经济体作为全球价值链的主导者，其出口贸易与技术进步共同构成了对全球经济体系的主导模式，因此部分出口贸易附加值不高的发达经济体，或许有内生的其他因素促进了本国经济体的技术进步，比如国内的研发投入与较高的市场化水平优化了国内的资源配置。尽管从散点图中可以发现二者之间的正相关关系，但是底部发散现象却需要其他解释变量的帮助才能解释，因此发达经济体出口贸易附加值对全要素生产率的影响有待进一步的实证检验。

基于计量分析的完整性，我们首先报告了非动态面板的计量分析结果，进一步考虑模型存在的内生性问题，报告了模型内部工具变量与外部工具变量的动态 GMM 分析结果。具体的计量分析结果如表 5.16 所示。

表 5.16 基本计量分析结果

变量	计量分析方法				
	OLS	FE	RE	差分 GMM	系统 GMM
C	−1.737 * * *	−5.380 * * *	−5.358 * * *	−1.226 * *	−1.334 * *
	(−3.28)	(−9.52)	(−7.66)	(−1.97)	(−2.08)
L. TFP				0.243 * * *	0.317 * * *
				(14.46)	(18.61)
L2. TFP				0.153 * * *	0.119 * * *
				(10.95)	(7.43)
LnEx	0.283 * * *	0.853 * * *	0.833 * * *	1.005 * * *	0.904 * * *
	(3.64)	(7.71)	(7.29)	(8.97)	(8.39)
R&D	0.177 * * *	0.109 * *	0.072 *	0.021	0.017
	(2.68)	(2.10)	(1.88)	(0.71)	(0.43)
Education	0.003	0.027	0.035	0.007	0.037
	(0.11)	(1.16)	(1.53)	(0.05)	(1.55)
Import	0.002	−0.003	−0.005 *	−0.013 * * *	−0.008 * *
	(1.33)	(−1.40)	(−1.82)	(−3.86)	(−2.22)
FDI	0.154 * * *	−0.131 * * *	−0.118 * *	−0.089 * *	−0.085 * *
	(3.54)	(−2.92)	(−2.37)	(−1.91)	(−1.85)
Patent	−0.288 * * *	−0.189 * *	−0.163 * *	−0.119	−0.135
	(−3.33)	(−2.22)	(−1.92)	(−1.44)	(−1.63)
Market	0.597 * * *	0.451 * * *	0.391 * * *	0.428 *	0.419 * * *
	(7.41)	(6.34)	(5.47)	(5.95)	(5.73)
R^2	0.409	0.794	0.792		
AR(1)				0.008	0.0000
AR(2)				0.093	0.0863
F	86.18 * * *	191.32 * * *			
Sargan				0.1148	0.1418
N	320	320	320	272	272
rho		0.948	0.901		
Hausman			17.59		
Wald			1095.74	72.58	318.25

根据表 5.16 总体的回归结果显示，发达经济体人均出口贸易附加值有效促进了其全要素生产率的提升。对于发达经济体而言，代表长期经济增长的指标——全要素生产率将受益于出口贸易附加值的提升。具体到不同的计量分析结果：混合回归中，人均出口贸易附加值对全要素生产率促进作用的系数并不大，但是依然表现出显著的正向促进作用；面板数据的随机效应与固定效应模型进一步验证了出口贸易附加值对全要素生产率的促进作用，并且系数绝对值将进一步提高；考虑模型内生性以及全要素生产率的动态影响之后，出口贸易附加值对全要素生产率的正向促进作用进一步提高。根据上文对中等收入阶段经济体的研究，长期陷入中等收入阶段的经济体全要素生产率不能受益于人均出口贸易附加值的提升，而发达经济体将与此形成鲜明的对比。古典经济增长理论对于解释出口对经济增长的影响显得过于乏力，而基于新经济增长理论技术进步的视角，解释出口对经济增长的影响将更符合实际。虽然表面上发达经济体出口对短期 GDP 的拉动效用较小，但是出口对其本国技术进步的促进作用更加显著，发达经济体从出口贸易中获益更加持久。

在控制变量中，研发支出占 GDP 比重与全要素生产率之间正相关，其作用系数较为显著，说明发达经济体全要素生产率受益于研发支出的提升。对于技术领先经济体而言，技术进步主要依赖于国内的自主研发，因此国内研发支出意义重大。教育投入对技术进步的影响并不显著，而且系数并不明显，发达经济体中，受教育水平普遍较高，教育投入占 GDP 比重一直维持在较高水平，1995—2014 年并没有发生显著变化，因此限于数据的时间较短与缺少发展中经济体的对比，教育投入占比对发达经济体全要素生产率的提升并不明显。进口贸易与专利申请量对全要素生产率具有负向的阻碍作用，但是系数较小的同时显著性并不高。对于发达经济体而言，进口贸易主要集中于能源与矿产资源以及满足全球价值链生产的低端中间商品进口，对本国技术进步难以产生技术溢出与扩散效用。而发达经济体专利申请已经不再局限于本国国内，在全球视角下进行专利申请已经成为跨国公司保护本国技术的重要方式，因此国内专利申请对本国技术进步的促进作用意义不大。市场化指数对于发达经济体技术进步意义重大，市场配置资源的方式在不改变生产要素投入数量的情况下将大大提升商品的产出数量。不论中等收入经济体还是发达经济体，将资源配置方式让位于市场都将受益匪浅。

为了更进一步深化发达经济体出口附加值对技术进步的影响，以上单一渠道的分析显得较为薄弱，出口附加值背后还隐藏着附加值结构的区别。Henn et al.（2013）在国际货币基金组织的工作论文中便指出这样的一个事实：在出口数量不变的情况下，出口质量的快速提升将导致经济体总产出的快速增长。如果单纯只就出口贸易的数量指标研究其对发达经济体经济增长的影响，其视角显然掉入了单一的陷阱，而出口商品的行业在构成在一定程度上可以代表出口贸易的质量。基于此，下文将对发达经济体不同产业出口贸易附加值占比对技术进步的影响展开进一步的分析。

5.2.4　不同产业出口附加值占比对 TFP 的影响

探讨不同产业出口附加值占比对发达经济体技术进步的影响，首先需要对总量出口贸易附加值进行产业分类。产业部门分类标准仍然按照世界银行对 ISIC 的分类标准，上文已经给出具体的分类标准，这里不再赘述。进一步对各部门出口贸易附加值占比对全要素生产率的影响进行计量分析，模型设定选取上一章模型三，变量选取与数据说明不再赘述。由于在对总量出口附加值与 TFP 之间计量分析时已经给出了绝大部分变量的描述性统计分析，此处不再占用篇幅继续给出。

利用面板数据的计量分析方法，并且该模型涉及 6 大产业部门出口贸易附加值占比对全要素生产率的影响分析过程。首先以农业部门为例，详细列示了农业部门出口贸易附加值占比对全要素生产率的影响，Z_1 表示农业部门出口贸易附加值占比，所列示计量分析结果包括混合回归的 OLS 方法、固定效应与随机效应、动态面板差分 GMM 与系统 GMM 回归结果，具体见表 5.17。

表 5.17　农业部门出口对 TFP 影响的计量结果

变量	计量分析方法				
	OLS	FE	RE	差分 GMM	系统 GMM
C	−1.383 * * *	−5.096 * * *	−5.052 * * *	1.041	1.068
	(−2.65)	(−8.40)	(−8.02)	(1.59)	(1.64)
$L.TFP$				0.323 * * *	0.278 * *
				(2.49)	(2.06)
$L2.TFP$				0.297 * * *	0.227 * *
				(2.35)	(1.89)
$LnEx$	0.290 * * *	0.832 * * *	0.812 * * *	0.650 *	0.693 *
	(3.92)	(10.25)	(9.67)	(6.97)	(7.28)

续表

变量	计量分析方法				
	OLS	FE	RE	差分 GMM	系统 GMM
Z_1	−6.607 * * *	−2.426 * * *	−2.630 * * *	−1.372 * *	−1.341 * *
	(−8.17)	(−3.95)	(−4.21)	(−2.39)	(−2.01)
R&D	0.148 * *	0.107 * *	0.075 *	0.082 * *	0.084 * *
	(2.34)	(2.11)	(1.78)	(1.93)	(1.94)
Education	0.042	0.026	0.034	0.029	0.030
	(1.60)	(1.28)	(1.47)	(1.35)	(1.41)
Import	0.003	0.002	0.004	−0.003	−0.002
	(1.27)	(0.91)	(1.58)	(−1.34)	(−1.06)
FDI	−0.144 * * *	−0.131 * * *	−0.092 * *	−0.083 * *	−0.085 * *
	(−3.54)	(−3.02)	(−2.46)	(−2.24)	(−2.35)
Patent	−0.093	−0.178 * *	−0.151 *	0.006	0.054
	(−1.48)	(−2.10)	(−1.79)	(0.59)	(0.55)
Market	0.181 * *	0.076	0.020	0.019	0.022
	(2.11)	(1.01)	(0.36)	(0.34)	(0.43)
R^2	0.4475	0.797	0.795		
AR(1)				0.006	0.013
AR(2)				0.091	0.086
F	80.84 * * *	166.07 * * *			
Sargan				0.297	0.318
N	320	320	320	272	272
rho		0.947	0.909		
Hausman			15.78		
Wald			1121.75	23.59	363.85

根据以上计量分析结果，混合 OLS 回归表明农业部门出口贸易附加值占比提升阻碍了发达经济体全要素生产率的进步。考虑不同经济体的个体特征与

随机误差项相关性的随机效应与固定效应结果依然支持农业部门出口贸易附加值占比对全要素生产率的阻碍作用，但是作用系数明显降低，进一步将被解释变量的滞后一期与滞后二期作为控制变量加入其中，利用动态面板数据模型进行计量分析，系统 GMM 与差分 GMM 的计量分析结果再次佐证农业部门出口贸易附加值占比对全要素生产率的负向阻碍作用，作用系数进一步得到降低，消除内生性问题的 GMM 计量分析结果更加稳健。发达经济体农业部门出口主要基于自身所具有的农业比较优势，比如美国广大的土地资源、法国优异的葡萄种植气候以及酿造葡萄酒的传统，西班牙的规模化农户种植模式，在供给本国居民使用的剩余可以出口，但是农业部门出口对全要素生产率并没有促进作用，农业部门即使劳动生产率具有较大进步，也仅仅是在使用工业部门的技术发明基础上，比如大规模联合收割机以及飞机喷洒农药的工业创新成果。单纯农业部门出口多，其也将占据大量劳动力与土地资源，简单的协作生产模式并不利于发达经济体的技术创新。

在控制变量中，研发投入对全要素生产率具有显著的促进作用，发达经济体作为技术领先国，其技术进步的源头主要依靠本国的自主创新，因此研发投入就显得非常重要；教育投入对全要素生产率具有显著的促进作用，计量分析中，当期教育投入对当期全要素生产率的影响系数并不显著，一般意义上教育对技术进步与经济增长的促进作用具有滞后特征；进口贸易对全要素生产率产生了阻碍作用，发达经济体进口商品主要是能源与矿产资源以及满足价值链生产的初级中间品，其内涵的技术水平较低，因此发达经济体进口贸易并不能有效实现技术溢出与扩散；专利申请量对全要素生产率的促进作用并不显著，而且影响系数较低，发达经济体跨国公司是专利申请的主要来源，其全球生产体系决定了专利申请地点并不局限于国内，因此本国专利申请对全要素生产率的促进作用有限；市场化水平对全要素生产率的促进作用十分显著，资源配置方法中，市场仍然是最有效率的配制方法，不论发达经济体还是发展中经济体，市场化水平提升将实现有限生产要素与商品的最优化配置，有力提升本国的全要素生产率水平。其他部门出口贸易附加值占比对全要素生产率影响的实证分析结果见表 5.18。

表5.18　其他部门出口附加值占比对 TFP 影响的计量结果

变量	计量分析方法				
	OLS	FE	RE	差分 GMM	系统 GMM
Z_2	-2.431 * * * (-5.47)	-1.041 * * * (-3.37)	-1.019 * * * (-3.28)	-0.723 * * (-2.53)	-0.656 * * (-2.31)
Z_3	-0.343 * * (-1.97)	-0.171 (-1.18)	-0.172 (-1.19)	-0.236 * (-1.77)	-0.229 * (-1.74)
Z_4	0.014 (0.33)	0.053 (1.14)	0.054 (1.16)	0.039 (0.77)	0.036 (0.76)
Z_5	1.291 * * * (5.14)	0.573 * * (1.84)	0.590 * * (1.92)	0.729 * * (2.37)	0.727 * * (2.35)
Z_6	0.373 * * * (2.78)	0.091 (0.46)	0.090 (0.45)	0.021 (0.07)	0.022 (0.08)

根据表5.18计量分析结果，可以发现较为明显的规律：随着工业制造部门技术水平逐渐提高，出口贸易附加值占比对全要素生产率的影响从负向转向正向，并且其影响系数逐渐提高。低技术工业部门出口贸易附加值占比对全要素生产率具有负向的阻碍作用，由于内含于低技术工业部门出口商品中的技术含量较低，因此发达经济体全要素生产率水平很难受益于低技术工业部门的出口，但是发达经济体低技术工业部门出口占比较低，因此也难以撼动出口对技术进步的正向促进作用；中低技术部门出口贸易附加值占比对全要素生产率的影响仍然呈现负向的阻碍作用，但是影响系数明显降低，发达经济体作为技术前沿面，中低技术工业部门出口商品大多是技术成熟商品的出口，对技术进步意义不大，但是可以充分使用闲置生产要素与有效平摊前期固定资产投资；中高技术工业部门出口贸易附加值占比对全要素生产率的影响系数开始由负变正，但是系数绝对值较小，而且也不显著，虽然中高技术工业部门出口商品的技术水平已经逐渐接近于发达经济体的技术前沿面，但是仍然具有差距，可能的影响路径主要通过微观企业出口商品获取收入，进一步投入技术创新中实现；高技术工业部门出口贸易附加值占比对全要素生产率的影响系数达到最大

值，并且较为显著，高技术工业部门商品已经与发达经济体技术前沿面相当，外部市场的有效需求将进一步刺激国内的技术创新，从而促进本国全要素生产率水平的提升；服务业部门出口对全要素生产率水平的促进作用进一步降低，系数明显小于高技术工业部门，并且系数并不显著，服务业部门主要投入的生产要素为劳动力，其内含技术水平有限，因此服务业出口对全要素生产率的促进作用十分有限。

总量层面与分行业层面出口贸易附加值对全要素生产率的影响研究仍然不能完全窥探发达经济体出口贸易对技术进步的影响，在当今南北贸易与南南合作之外，北方经济体之间的贸易仍然控制着国际贸易格局的演变过程，发达经济体出口目的地的不同对技术进步的影响又将如何？该维度的研究将进一步丰富发达经济体出口贸易对经济增长影响的认知。

5.2.5　不同目的地出口附加值占比对 TFP 的影响

基于全球市场的不同以及各国经济发展水平的不同，本书将全球出口贸易市场分为发达经济体、发展中经济体、西欧经济体、北美经济体与金砖经济体五种类型[①]，以观察发达经济体出口到这五个市场的贸易附加值占比对全要素生产率的影响。准确反映发达经济体不同出口贸易市场附加值占比对全要素生产率的影响，需要精确的计量分析。沿用上一章对不同产业出口贸易附加值占比与全要素生产率之间关系研究的计量模型四，变量说明如上文所示，不再赘述。我们首先给出数据的描述性统计，进而进一步给出计量分析结果。由于不能同时将不同地区出口贸易附加值占比加入同一模型进行研究，因此首先给出发达经济体出口到发达经济体贸易附加值占比对其全要素生产率影响的计量分析结果，如表 5.19 与表 5.20 所示。

---

①　发达经济体包括澳大利亚、奥地利、比利时、加拿大、瑞士、德国、丹麦、西班牙、芬兰、法国、英国、爱尔兰、意大利、日本、韩国、卢森堡、荷兰、挪威、葡萄牙、瑞典、美国；发展中经济体为世界非竞争性投入产出表中剩余经济体；西欧经济体包括奥地利、比利时、捷克、德国、丹麦、西班牙、芬兰、法国、英国、希腊、匈牙利、爱尔兰、意大利、卢森堡、荷兰、葡萄牙、瑞典；北美经济体包括加拿大、墨西哥、美国；金砖经济体包括巴西、中国、印度、俄罗斯。

表 5.19　变量描述性统计

变量	样本数	平均数	标准差	最大值	最小值
TFP_{it}	320	1.841	0.588	3.217	0.612
$\ln Ex_{it}$	320	8.897	0.662	10.375	7.399
Z_1	320	0.446	0.039	0.550	0.310
Z_2	320	0.100	0.052	0.298	0.212
Z_3	320	0.289	0.107	0.422	0.447
Z_4	320	0.113	0.087	0.426	0.435
Z_5	320	0.053	0.043	0.264	0.009
$R\&D_{it}$	320	2.004	0.719	3.748	0.524
$Education_{it}$	320	5.202	1.045	8.618	2.972
$Import_{it}$	320	36.354	18.286	95.870	7.708
FDI_{it}	320	3.59	1.975	6.49	0.37
$Patent_{it}$	320	0.670	0.803	3.564	0.014
$Market$	320	1.289	0.561	3.179	0.431

表 5.20　基本计量分析结果

变量	计量分析方法				
	OLS	FE	RE	差分 GMM	系统 GMM
C	1.050 (1.58)	−5.754 * * * (−7.51)	−5.645 * * * (−7.32)	1.542 * * (2.09)	1.621 * * (2.14)
$L.TFP$				0.263 * * (2.19)	0.228 * * (1.93)
$L2.TFP$				0.247 * * (2.45)	0.257 * * (2.52)
$LnEx$	0.144 (0.62)	0.874 * * * (2.75)	0.851 * * * (2.66)	0.621 * * (2.18)	0.634 * * (2.32)
Z_1	−1.119 * * * (−4.31)	−0.416 * (−1.95)	−0.318 (−1.72)	−0.872 * * * (−3.79)	−0.747 * * * (−3.31)

续表

变量	计量分析方法				
	OLS	FE	RE	差分 GMM	系统 GMM
R&D	0.057 (1.60)	0.099 * * * (2.54)	0.069 * (1.88)	0.054 (1.53)	0.052 (1.44)
Education	0.054 (0.94)	0.028 (0.39)	0.035 (0.55)	0.031 (0.48)	0.033 (0.52)
Import	0.008 (0.16)	0.035 (1.07)	0.035 (1.03)	−0.027 (−0.79)	−0.025 (−0.72)
FDI	−0.144 * * * (−3.54)	−0.131 * * * (−3.02)	−0.092 * * (−2.46)	−0.073 * * (−2.22)	−0.075 * * (−2.25)
Patent	−0.019 * * (−2.04)	−0.017 * * (−1.93)	−0.015 * (−1.80)	0.005 (0.59)	0.004 (0.55)
Market	0.054 * * * (4.63)	0.078 (0.94)	0.072 (0.86)	0.23 * * * (2.98)	0.22 * * * (2.96)
R²	0.448	0.795	0.793		
AR(1)				0.019	0.012
AR(2)				0.094	0.074
F	85.31 * * *	164.07 * * *			
Sargan				0.341	0.328
N	320	320	320	272	272
rho		0.949	0.909		
Hausman			21.91		
Wald			1102.96	43.19	297.85

根据上表计量分析结果，发达经济体出口到同类经济体的贸易附加值占比的提升并不利于其国内全要素生产率的进步。普通 OLS 的回归结果较为显著，

随机效应与固定效应的回归系数虽然不显著，但是其系数明显为负，动态面板计量模型回归系数进一步显著，并且系数绝对值进一步降低。发达经济体之间具有相似的技术水平，出口相似技术水平的商品到同等技术水平的经济体，主要以产业间贸易与产业内贸易为主，发达经济体出口商品与目的国商品大多为互为替代品，受惠于消费偏好与商品种类的扩展。发达经济体之间的产业内贸易比较普遍，由于出口商品大多为成熟商品，因此难以刺激本国技术进步。同时，成熟商品普遍暗含技术，技术溢出与扩散效应也将大打折扣，因此出口到发达经济体的附加值占比提升并不利于发达经济体本国的技术进步。在控制变量中，其系数、显著性与研究发达经济体不同产业出口贸易附加值占比对技术进步影响的结果没有发生根本性变化，不再赘述。限于篇幅，表 5.21 进一步给出了剩余地区出口贸易附加值占比对发达经济体技术进步的影响结果。

表 5.21　出口到其他地区附加值占比对 TFP 影响的计量结果

变量	计量分析方法				
	OLS	FE	RE	差分 GMM	系统 GMM
Z_2	0.458 * * (3.67)	0.101 (1.07)	0.119 (1.28)	0.323 * * * (2.73)	0.336 * * * (2.81)
Z_3	−0.094 * * * (−3.17)	−0.071 * * (−2.38)	−0.077 * * * (−2.59)	0.023 (0.77)	0.022 (0.74)
Z_4	0.021 * * * (2.53)	0.003 (0.31)	0.004 (0.56)	−0.019 * * (−2.37)	−0.016 * * (−1.99)
Z_5	1.691 * * * (8.14)	1.573 * * * (7.24)	1.590 * * * (7.62)	0.529 * * (2.44)	0.527 * * (2.39)

　　根据表 5.21 所示，发达经济体不同出口市场附加值占比对全要素生产率的影响具有较大差异。对比结果来看，发达经济体全要素生产率最受益于出口到金砖经济体的贸易附加值，进一步观察发达经济体出口到金砖经济体的商品种类、产业分类以及中间商品附加值占比，高技术制造业的中间商品出口已经成为发达经济体输往金砖经济体的主要商品。金砖经济体是当今世界经济发展格局中速度最快的一类经济体，由于稳定的政治环境、低成本的生产要素以及完善的基础设施，金砖经济体吸引了大量的跨国公司投资，已然成为世界重要的生产基地。发达经济体出口到金砖经济体的高技术中间商品主要服务于发达国家跨国公司全球价值链布置的需求，处于技术前沿的商品生产需要从发达经

济体进口核心零配件，在金砖经济体提供低技术含量附属件的背景下，组装生产供给全世界。从全球价值链生产的视角来看，发达经济体出口到金砖经济体的核心零配件技术含量高，在需求刺激以及自主研发的背景下，促进发达经济体的技术进步。

出口到发展中经济体贸易附加值占比提升也促进了发达国家的技术进步，类似于金砖经济体，随着发展中国家打开国门，主动承接全球价值链的生产加工环节，核心零部件仍然需要由发达国家提供，因此进一步观察发达国家出口到发展中国家的商品，除了部分高档汽车、奢侈品以外，主要是高技术含量的中间商品出口。根据上一节对发达国家不同产业出口附加值占比对技术进步影响的实证分析，高技术制造业出口有利于其本国的技术进步，因此出口到发展中国家的商品种类决定了其有利于发达国家的技术进步，但是发展中国家的平均发展水平与速度仍然低于金砖经济体，因此往发展中国家的出口对技术进步的促进作用要明显弱于对金砖经济体的出口。

而出口到北美地区与西欧地区的贸易附加值占比提升却不利于发达经济体全要素生产率水平的提升。而发达经济体对发达经济体的出口始终是技术水平相当的国家之间进行的产业内贸易，双方之间的中间品出口附加值占比非常低，汽车、微电子等行业的相互竞争与恶意倾销都会造成两败俱伤的局面。由于产品内贸易的主要技术较为成熟，因此在技术水平具有同质性的发达经济体之间的贸易难以存在较大程度的技术溢出与扩散效应。进一步观察发达经济体之间的贸易商品种类与结构，发达经济体之间的贸易主要集中于成熟商品与服务业的出口，其出口商品主要以中高技术制造业商品出口为主，即使商品内含静态意义上的技术水平较高，但是动态意义上变化不大，因此其难以刺激发达经济体的技术创新。

5.2.6　小结

根据以上对产品内贸易阶段代表出口贸易真实收益的出口附加值与发达经济体经济增长的研究结果，基于古典经济增长理论，代表发达经济体短期经济增长的人均 GDP 受益于总量出口贸易附加值的增长，但是相比出口对技术进步的影响，发达经济体技术进步更受益于出口部门。再次结合发达国家出口与经济增长的现实，新经济增长理论的视角对解释发达国家出口与经济增长的关系更为有力，出口对技术进步的促进作用对经济增长是长期、可持续的增长模式。基于新经济增长理论技术进步的视角进一步细化研究，根据各产业部门的研究结果，发达经济体技术进步更受益于高技术制造业部门出口占比的提升。

处于技术前沿面的发达经济体，只有高技术商品出口才能成为有效刺激其技术进步的商品种类。根据适宜技术吸收理论，发达经济体不论从静态技术水平还是动态吸收能力，均可以实现逆向研发，因此商品出口对技术进步的促进效应取决于商品内含的技术水平。而受制于全球生产基地往发展中经济体的转移，发达经济体出口到发展中经济体的贸易中内含大量高技术中间商品，因此发达经济体技术进步更容易被出口到发展中经济体的商品所刺激。

5.3 韩国出口贸易对经济增长的影响

5.3.1 引言

20世纪中叶，日本对欧美发达经济体实现了成功赶超之后，"亚洲四小龙"经济体成为继日本之后又一次成功实现赶超的发展典范。而在"亚洲四小龙"经济体中，新加坡与中国香港具有转口贸易的优势地理区位条件，其经济赶超的发展经验对于大型经济体没有太多参考价值，而研究韩国与中国台湾地区的出口贸易对经济增长的影响更具有代表性。但是近几年来，中国台湾地区的经济增长在步入高收入阶段以后，并没有太大的起色，反而韩国展现出了经济继续增长的预期，并且朝世界发达国家行列迈进。因此研究新视角下，出口贸易对经济增长的影响，韩国作为快速脱离中等收入阶段，成功跨入高收入经济体的典型代表，更具有研究意义。

韩国立国的国策吸收了日本经济发展的经验，利用外部市场与外部资源发展本国经济，充分将本国生产要素融入国际生产体系中。刘信一（2006）对韩国经济发展过程中对外贸易的作用研究中指出，韩国经济的快速发展主要得益于外向型经济发展战略的实施。从20世纪90年代，韩国出口商品中高技术含量的商品占比逐渐提升，并且韩国通过近20年的积累，在20世纪末已经扶持了几个具有规模的跨国公司，以韩国的三星集团、LG电子、现代汽车、SK电讯等跨国集团为代表。仅韩国前10大公司的出口总额已经占到韩国出口总额的65%以上，而这些跨国公司的崛起与发展带动了韩国出口贸易商品的升级与出口商品技术含量的提升，而韩国出口商品中，汽车、电子、高端机械设备等商品附加值较高，同时消耗本国生产要素的数量少，出口贸易质量相对较高。韩国人均出口贸易附加值与GDP呈现齐头并进的态势，进一步说明了出口贸易对经济增长的贡献逐年增强。如下图所示，图 5.9 展示了韩国人均出口贸易附加值与人均 GDP 的变化趋势，随之表 5.22 列示了韩国人均出口贸易附加值占人均 GDP 的比重。

韩国人均出口附加值与人均 GDP 变化趋势

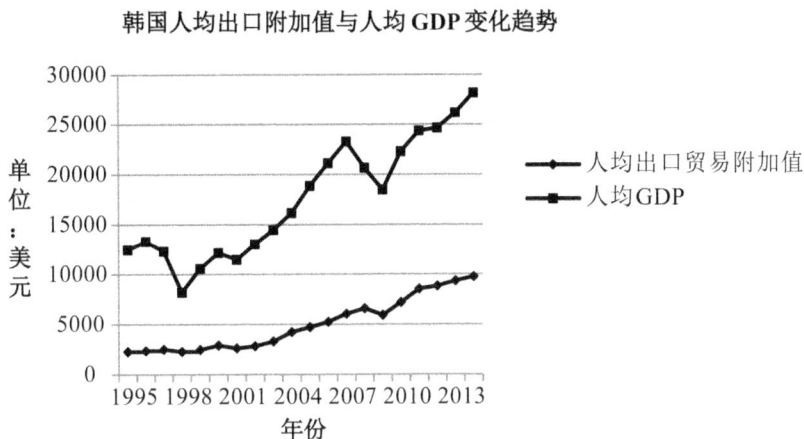

图 5.9　韩国历年人均出口贸易附加值与人均 GDP 变化趋势

表 5.22　韩国历年人均出口贸易附加值占人均 GDP 比重

年份	1995	1996	1997	1998	1999	2000	2001	2002	2003	2004
占比	0.1834	0.1775	0.2035	0.2780	0.2340	0.2391	0.2278	0.2167	0.2281	0.2622
年份	2005	2006	2007	2008	2009	2010	2011	2012	2013	2014
占比	0.2502	0.2483	0.2597	0.3188	0.3203	0.3229	0.3506	0.3582	0.3565	0.3461

　　根据图 5.9 所示，韩国人均出口贸易附加值与韩国人均 GDP 的走势基本一致。由于 1998 年亚洲金融危机与 2008 年全球金融危机的影响，韩国人均GDP 出现了两年左右的回调，随后继续朝乐观方向发展。但韩国人均出口贸易附加值在 1998 年亚洲金融危机中似乎没有受到影响，韩国人均出口贸易附加值一直呈现不断上涨的态势，这与当时韩国主动对韩元的贬值政策有极大的关系。2008 年全球金融危机中，韩国人均出口贸易附加值虽有下降，但是降低幅度仍然低于人均 GDP 下降的幅度。再次观察韩国人均出口贸易附加值占人均 GDP 比重历年的变化趋势，从 1995 年的 18.34% 上升到 2014 年的34.61%，从韩国人均出口贸易附加值占人均 GDP 比重历年变化趋势，不断上涨的占比说明韩国经济增长对出口贸易的依赖程度进一步加深。而精确衡量韩国出口贸易对经济增长的影响，需要进一步的实证分析。继续承袭上文对陷入"中等收入陷阱"的经济体与发达经济体的研究框架，首先基于古典经济增长

理论展开对韩国出口贸易附加值对短期经济增长——GDP 的影响的研究。

5.3.2 出口附加值对 GDP 的影响

基于古典经济增长理论，首先研究韩国人均出口贸易附加值对代表短期经济增长指标——人均 GDP 的影响。仍然选取上一章中的模型设定一，涉及单一经济体的时间序列数据。模型中具体的变量说明如上文所示，但是单一经济体数据构不成面板数据，需要基于时间序列数据分析方法研究韩国人均出口贸易附加值对人均 GDP 的影响。采用 1995—2014 年的季度数据，样本量为 80 个，数据来源于 OECD 数据库、联合国数据与韩统计局网站数据。时间序列分析中需要避免变量的非平稳性造成的伪回归，因此首先利用 Dickey 和 Fuller（1981）提出的 ADF 单位根检验判断数据的平稳性，所用计量工具为 Eviews 7.0。其具体检验方法根据是否存在截距项、时间趋势项分为三种，单位根检验结果如表 5.23 所示。

5.23　单位根检验结果

变量	截距项	时间趋势	滞后阶数	ADF 值	5%临界值	10%临界值
LnGDP	有	无	AIC 准则	−1.95	−2.89	−2.59
LnEx	有	无	AIC 准则	−0.06	−2.90	−2.59
LnPcapital	有	无	AIC 准则	−1.38	−2.90	−2.59
Hcapital	有	无	AIC 准则	1.66	−2.90	−2.59
Market	有	无	AIC 准则	−0.37	−2.90	−2.59
R&D	有	无	AIC 准则	−0.79	−2.90	−2.59
LnEndow	有	无	AIC 准则	−1.85	−2.90	−2.59
D（LnGDP）	有	无	AIC 准则	−3.90＊＊＊	−2.90	−2.59
D（LnEx）	有	无	AIC 准则	−3.84＊＊＊	−2.90	−2.59
D（LnPcapital）	无	无	AIC 准则	−1.67＊	−1.95	−1.61
D（Hcapital）	有	无	AIC 准则	−5.82＊＊＊	−2.90	−2.59
D（Market）	有	无	AIC 准则	−2.88＊	−2.90	−2.59
D（R&D）	无	无	AIC 准则	−2.18＊＊	−1.95	−1.61
D（LnEndow）	无	无	AIC 准则	−2.83＊＊＊	−1.95	−1.61

ADF 值后的 ＊、＊＊、＊＊＊ 分别表示通过了 1%、5% 与 10% 的显著性水平，也即表示平稳性水平。

根据以上对各变量单位根检验的结果，滞后阶数的选择基于赤池信息准则做出，各变量的时间序列都存在单位根，但是差分以后的结果表明各变量在

10%的显著性水平下拒绝单位根，说明各变量都是一阶单整序列，基于以上 ADF 检验结果，进一步对变量进行协整分析。误差项的平稳性检验结果表明，所选计量模型存在协整关系，根据最小化 AIC 与 SC 信息准则选取协整模型的设定标准与滞后期的确定，经多次检验，协整变量具有线性趋势，选择滞后一期。根据各变量之间协整检验的结果，在 1%的显著性水平上拒绝了存在 1 个协整关系的假设，即模型存在两个协整关系，对第一个协整向量进行正则化得到各系数估计值为（1，0.16，0.22，0.29，0.07，−0.11，0.23，−0.01），对应的协整关系为：

$$LnGDP_t = 0.16Ln\ Ex_t(**) + 0.22\ R\&D_t(***) + 0.29Ln\ Pcapital_t(*) + 0.07\ Hcapital_t(**) - 0.11\ FDI_t(**) + 0.23\ Market_t(**) - 0.01Ln\ Endow_t( )$$

协整关系括号内表示各系数的显著性水平，除了国家自然资源禀赋之外，所有系数均通过了 10%的 T 检验。根据计量分析结果，人均出口贸易附加值与人均 GDP 之间存在长期稳定关系，人均出口贸易附加值每增加 1%，人均 GDP 将增长 0.16%。出口附加值作为国内生产要素创造价值的一部分，可以直接计入本国 GDP 中，类似于陷入"中等收入陷阱"的经济体与发达经济体。从古典经济增长的视角，利用外部市场需求，提高本国出口附加值，将有利于快速拉动本国账面 GDP 的增长。

其他控制变量中，研发支出对经济增长的影响系数较大，在韩国经济增长中，因研发支出增加而引致的技术进步作用很大。韩国作为后进经济体十分重视研发投入，而且研发投入的主体更集中于微观企业，在保证研发投入量的基础上，研发投入的效率进一步得到保证，从而有效促进韩国的经济增长。根据欧盟网站 2016 年 12 月 4 日的报道，全球企业研发投入速度增长率中韩国最快，同时韩国科研投入占 GDP 比重居世界首位，进一步凸显了研发对韩国经济增长的推动力。在韩国经济增长中，物质资本存量的积累对经济增长影响系数较大。作为东亚经济体，高储蓄率是一个普遍现象，当年产出的分配更倾向于投资导致韩国物质资本存量积累速度很快，人均物质资本存量已经接近美国，而作为新兴经济体，新投入资本的利用效率必然高于老牌发达资本主义国家，因此韩国物质资本存量对经济增长的意义重大。同时，韩国的市场化指数也快速影响了其人均 GDP 的增长。韩国市场化指数进步很快，虽然腐败较为严重，但是生产领域与消费领域已经实现了市场配置，资源配置效率逐渐提高进一步促进了经济增长。但是，人力资本水平并没有对经济增长起到较大的促进作用，这或许是因为人均教育水平的提升对经济增长的影响是一个长期的过程，并不会即期发挥较大的效果。同时，韩国工业发达，"干中学"效应实现的人力资本水平提升并没有体现于人力资本指标中。韩国是一个自然资源、能源与矿产资源缺乏的国家，因此其生产要素禀赋并没有对经济增长产生正效应，而且系数也没有通过10%的显著性水平。外资引入对韩国经济增长不仅无益，反而不利于其人均GDP的提高。自20世纪90年代，韩国已经成功脱离中等收入阶段，资本存量已经较为充足，因此引入外资在降低资本收益率的同时也将加重与韩国本土企业的竞争。

Johansen协整关系通常表述的是变量之间的一种"长期均衡"关系，但是实际的经济数据往往也存在"非均衡过程"，这种"非均衡过程"大多体现为一种短期的动态关系，而误差修正模型（ECM）则可以体现这种动态非均衡过程。基于此，在协整检验的基础上进一步建立误差修正模型，构造ECM模型，Eviews计量分析结果如表5.24所示。

表5.24　Eviews计量分析结果

	Coefficient	*Std. Error*	*T-Statistic*	*Prob.*
C	0.007	0.001	5.273	0.000
D（$lnEx$）	0.14	0.0657	−2.13	0.036
ECM（−1）	−0.223	0.075	−2.959	0.004
R^2	0.546			
DW	1.708			
F值	16.49			

根据以上误差修正模型的计量分析结果，误差修正项的系数显著为负，且通过了1%的显著性水平，符合短期内模型反向修正的原则，表明短期的非均衡状态逐渐向长期的均衡状态收敛。基于增量关系的分析，差分后的出口贸易附加值对差分后的人均GDP仍然体现为正向的促进作用，并且通过了5%的显著性水平。因此，出口贸易附加值与人均GDP之间，不论长期的协整关系还是短期的动态均衡，韩国人均出口贸易附加值的提升均对短期GDP与长期GDP产生了促进效应。

附加值总量与GDP之间的关系仅仅体现了出口贸易对经济增长数量的关系，基于新经济增长理论视角，人均GDP代表不了经济的增长质量，以产油国为例，其大量石油资源的出口带动的GDP只能说明其自然资源禀赋较为充足。而以东亚经济体为例，GDP的扩张是由于生产要素投入量的增长，同时带来的环境成本与人类健康的代价并没有考虑其中，因此人均GDP只能代表经济增长数量。新经济增长理论尤其重视经济增长的长期可持续性，而内在的技术进步是维持经济体长期可持续发展的核心要素，因此技术进步可以代表经济增长的质量。基于以上思考，下文将进一步分析韩国出口贸易对技术进步的影响。

5.3.3　出口附加值对 TFP 的影响

选取上一章计量模型二，模型中具体变量解释与说明如上文所述，仍然基于韩国 1995—2014 年的季度时间序列数据，样本量为 80。时间序列分析中需要避免变量的非平稳性造成的伪回归，因此首先利用 Dickey 和 Fuller（1981）提出的 ADF 单位根检验判断数据的平稳性，所用计量工具为 Eviews7.0。具体检验方法根据是否存在截距项、时间趋势项分为三种，单位根检验结果如表5.25 所示。

表 5.25　单位根检验结果

变量	截距项	时间趋势	滞后阶数	ADF 值	5%临界值	10%临界值
TFP	有	无	AIC 准则	−0.58	−2.90	−2.59
LnEx	有	无	AIC 准则	−0.06	−2.90	−2.59
R&D	有	无	AIC 准则	−0.79	−2.90	−2.59
Education	有	无	AIC 准则	−1.31	−2.90	−2.59
Market	有	无	AIC 准则	−0.37	−2.90	−2.59
Im	有	无	AIC 准则	−0.79	−2.90	−2.59
D（TFP）	有	无	AIC 准则	−2.65 *	−2.90	−2.59
D（LnEx）	有	无	AIC 准则	−3.84 * * *	−2.90	−2.59
D（R&D）	无	无	AIC 准则	−2.18 * *	−1.95	−1.61
D（Education）	有	无	AIC 准则	−3.38 * * *	−2.90	−2.59
D（Market）	有	无	AIC 准则	−2.88 *	−2.90	−2.59
D（Im）	无	无	AIC 准则	−2.18 * *	−1.95	−1.61

ADF 值后的 *、* *、* * * 分别表示通过了 1%、5%与 10%的显著性水平，也即表示平稳性水平。

根据以上对各变量单位根检验的结果，滞后阶数的选择基于赤池信息准则做出，各变量的时间序列都存在单位根，但是差分以后的结果表明各变量在10%的显著性水平下拒绝单位根，说明各变量都是一阶单整序列，基于以上ADF 检验结果，进一步对变量进行协整分析。误差项的平稳性检验结果通过了 1%的显著性水平，这说明所选计量模型存在协整关系。根据最小化 AIC 与

SC 信息准则选取协整模型的设定标准与滞后期的确定，经多次检验，协整变量具有线性趋势，选择滞后一期。根据各变量之间协整检验的结果，在 1% 的显著性水平上拒绝了存在 1 个协整关系的假设，即模型存在多个协整关系，对第一个协整向量进行正则化得到各系数估计值为（1，0.28，0.59，-0.008，0.23，0.04，0.09，0.14），对应的协整关系为：

$$TFP_t = c + 0.28ln\ Ex_t(**) + 0.59\ R\&D_t(*) - 0.008\ Education_t + 0.23\ Import_t(**) + 0.04\ FDI_t(**) + 0.09\ Patent_t(**) + 0.14\ Market_t(*)$$

协整关系括号内表示各系数的显著性水平，除教育支出占 GDP 比重以外，所有系数均通过了 10% 的 T 检验。根据计量分析结果，人均出口贸易附加值与全要素生产率之间存在长期稳定关系，出口贸易附加值每增加 1%，全要素生产率将增长 0.28%。其他控制变量中，研发支出对全要素生产率的影响系数最大，毋庸置疑，韩国作为新兴经济体，其技术进步的内在力量主要依靠研发资金的支持；教育支出对技术进步的作用力较小，而且呈现负向的关系，但没有通过 10% 的显著性检验，教育投入是一个长期的过程，不论对经济增长还是技术进步的影响，其作用是一个持久而缓慢的影响因素；进口贸易对全要素生产率的影响系数较大，根据国外的技术溢出与扩散路径，进口商品内含的技术将会被逆向研发突破，并在此基础上进一步本土化，对于韩国而言，其技术水平仍然与前沿发达经济体具有一定的差距，韩国进口发达国家的商品会给予韩国逆向研发的机会，进而有利于韩国的技术进步；国外直接投资与国外专利申请作为两条重要的技术溢出与扩散路径，对韩国技术进步的影响系数较小，虽然通过了 5% 的显著性水平，但是系数绝对值较小。进一步观察韩国国外直接投资类型，虽然有不少跨国公司进驻韩国，但是主要以占据韩国本土市场为主，同时受到韩国本土企业的围攻，国外直接投资的数量并不大，因此技术进步难以受益于国外直接投资。韩国具有很高的知识产权保护水平，甚至高于部分发达经济体，从一定程度上可以促进韩国的自主研发，但是也屏蔽了国外技术，因此国外专利申请难以促进其技术进步；市场化水平的提升促进了韩国的技术进步，相比其他经济体，韩国资源配置的方式更加市场化，而且自 20 世纪 80 年代以来，韩国市场化程度进步很快，因此从资源配置的角度，市场化水平的提升促进了韩国的技术进步。

Johansen 协整关系通常表述的是变量之间的一种"长期均衡"关系，但是实际的经济数据往往也存在"非均衡过程"，这种"非均衡过程"大多体现为一种短期的动态关系，而误差修正模型（ECM）则可以体现这种动态非均衡过程。基于此，在协整检验的基础上进一步建立误差修正模型，构造 ECM 模型，Eviews 计量分析结果如表 5.26 所示。

表 5.26　Eviews 计量分析结果

	Coefficient	Std. Error	T-Statistic	Prob.
C	0.009	0.004	2.303	0.024
D (lnEx)	0.158	0.0668	−2.314	0.023
ECM (−1)	−0.267	0.076	−3.51	0.000
R²	0.393			
DW	1.891			
F 值	13.08			

根据以上误差修正模型的计量分析结果，误差修正项的系数显著为负，且通过了 1% 的显著性水平，符合短期内模型反向修正的原则，表明短期的非均衡状态逐渐向长期的均衡状态收敛。基于增量关系的分析，差分后的出口贸易附加值对差分后的全要素生产率仍然体现为正向的促进作用，并且通过了 5% 的显著性水平。因此，出口贸易附加值与全要素生产率之间，不论长期的协整关系还是短期的动态均衡，韩国人均出口贸易附加值的提升都对全要素生产率产生了促进效应。

经济体出口贸易不仅体现在总量上，出口贸易的产业结构与出口贸易的目的地将进一步体现出口贸易的质量，而研究出口贸易与全要素生产率的影响需要基于更加细化的研究。基于此，下文将展开不同产业出口贸易附加值占比对全要素生产率的影响。

5.3.4　不同产业出口附加值占比对 TFP 的影响

继续沿用总量出口贸易附加值对全要素生产率影响的计量分析模型，并在此基础上加入不同产业出口贸易附加值占比，具体的模型设定如上一章模型三。时间序列数据样本包括 1995—2014 年韩国季度数据样本，总样本量为 80。原始数据不存在各部门不同产业出口贸易附加值的季度数据，本书基于年度数据分化合成。由于总量出口贸易数据与总量出口贸易附加值数据之间存在一个较为稳定的关系，因此用各产业季度总量数据占年度总量数据的比值将各产业总量出口贸易附加值分化成季度数据。各产业总出口的季度数据与年度数据来源于韩国统计局网站与万德数据库，具体核算公式如下所示。

$$TivA_i^{Quarterly} = Ex_i^{Quarterly} / Ex_i^{Yearly} * TivA_i^{Yearly} \qquad (式 5\text{-}2)$$

式 5-2 中，$TivA_i^{Quarterly}$、$Ex_i^{Quarterly}$、Ex_i^{Yearly}、$TivA_i^{Yearly}$ 分别表示韩国不同产业季度出口贸易附加值、不同产业季度出口贸易总量、不同产业年度出口贸易总量、不同产业年度出口贸易附加值总量。时间序列的实证分析首先要对变量进行平稳性检验，由于上文已经展示了部分变量的平稳性，因此为了节约篇幅，表 5.27 只公布了韩国 6 个产业大类出口贸易附加值占比的平稳性检验结果。

表 5.27　单位根检验结果

变量	截距项	时间趋势	滞后阶数	ADF 值	5%临界值	10%临界值
Z_1	有	无	AIC 准则	−0.98	−2.90	−2.59
Z_2	有	无	AIC 准则	−1.22	−2.90	−2.59
Z_3	有	无	AIC 准则	−0.20	−2.90	−2.59
Z_4	有	无	AIC 准则	−1.66	−2.90	−2.59
Z_5	有	无	AIC 准则	−1.53	−2.90	−2.59
Z_6	有	无	AIC 准则	−0.99	−2.90	−2.59
$D(Z_1)$	有	无	AIC 准则	−8.88＊＊＊	−2.90	−2.59
$D(Z_2)$	有	无	AIC 准则	−8.81＊＊＊	−2.90	−2.59
$D(Z_3)$	有	无	AIC 准则	−8.81＊＊＊	−2.90	−2.59
$D(Z_4)$	有	无	AIC 准则	−8.75＊＊＊	−2.90	−2.59
$D(Z_5)$	有	无	AIC 准则	−8.74＊＊＊	−2.90	−2.59
$D(Z_6)$	有	无	AIC 准则	−8.78＊＊＊	−2.90	−2.59

ADF 值后的＊、＊＊、＊＊＊分别表示通过了 1%、5%与 10%的显著性水平，也即表示平稳性水平。

根据以上对不同产业出口贸易附加值占比单位根检验的结果，滞后阶数的选择基于赤池信息准则做出，各变量的时间序列都存在单位根，但是差分以后的结果表明各变量在 1%的显著性水平下拒绝单位根，说明各变量都是一阶单整序列，基于以上 ADF 检验结果，进一步将不同行业出口贸易附加值占比纳入模型中分别进行 6 次协整分析。误差项的平稳性检验结果均通过了 1%的显著性水平，说明所选计量模型存在协整关系。根据最小化 AIC 与 SC 信息准则选取协整模型的设定标准与滞后期的确定，经多次检验，协整变量具有线性趋势，选择滞后一期。首先给出农业部门出口贸易附加值占比与各变量之间协整检验的结果，在 1% 的显著性水平上拒绝了存在 1 个协整关系的假设，即模型存在两个协整关系，对第一个协整向量进行正则化得到各系数估计值为（1，0.15，−0.59，0.19，−0.006，0.21，0.11，），对应的协整关系为：

$$TFP_t = c + 0.15\ln Ex_t(**) - 0.59 Z_1(***) + 0.19 R\&D_t(*) - 0.006$$
$$Education_t + 0.21\ Import_t + 0.05\ FDI_t(*) + 0.07\ Patent_t(*) + 0.11$$
$$Market_t(*)$$

协整关系括号内表示各系数的显著性水平，除教育支出占 GDP 比重、进口贸易占 GDP 比重以外，所有系数均通过了 10% 的 T 检验。根据计量分析结果，核心变量中，农业部门出口贸易附加值与全要素生产率之间呈现反向关系，农业部门出口贸易附加值每增长 1%，全要素生产率将降低 0.59%。韩国地域狭小，并没有发展农业生产的优势，因此韩国农业部门出口贸易附加值占比并不大。韩国在需要大量进口农产品的同时，仍然出口以酒类、荞麦等为代表的具有比较优势的高端农产品，但是不论是高端农产品还是低端农产品，其内含的技术水平都非常有限，从需求的视角难以刺激农业部门的技术进步，而国外的行业标准虽有一定程度的技术溢出与扩散，也仅仅停留在包装以及农产品再加工领域，相比工业部门技术进步对农业部门技术进步的渗透，农业部门出口很难促进韩国农业部门技术进步。其他控制变量中的计量分析结果与上文对总量出口贸易附加值对全要素生产率影响的分析结果并没有发生显著变化，具体解释不再赘述。

Johansen 协整关系通常表述的是变量之间的一种"长期均衡"关系，但是实际的经济数据往往也存在"非均衡过程"，这种"非均衡过程"大多体现为一种短期的动态关系，而误差修正模型（ECM）则可以体现这种动态非均衡过程。基于此，在协整检验的基础上进一步建立误差修正模型，构造 ECM 模型，Eviews 计量分析结果如表 5.28 所示。

表 5.28　Eviews 计量分析结果

	Coefficient	Std. Error	T-Statistic	Prob.
C	0.01	0.003	2.88	0.005
D（lnEx）	−29.54	12.686	−2.35	0.021
ECM（−1）	0.06	0.081	−738	0.463
R^2	0.188			
DW	0.729			
F 值	4.68			

根据以上误差修正模型的计量分析结果，误差修正项的系数绝对值较小，而且显著性水平较低，表明短期的非均衡状态并没有规律可循。基于增量关系的分析，差分后的农业部门出口贸易附加值占比对差分后的全要素生产率仍然体现为一种负向的阻碍关系，并且通过了5%的显著性水平。下文进一步给出了剩余5个产业部门出口贸易附加值占比与全要素生产率之间的协整关系：

$$TFP_t = c + 0.11 ln\ Ex_t(**) - 0.21\ Z_2(**) + 0.22\ R\&D_t(**) - 0.004\ Education_t() + 0.19\ Import_t + 0.03\ FDI_t(**) + 0.08\ Patent_t(*) + 0.11\ Market_t(*)$$

$$TFP_t = c + 0.14 ln\ Ex_t(**) - 0.17\ Z_3(***) + 0.17\ R\&D_t(**) - 0.005\ Education_t() + 0.21\ Import_t + 0.02\ FDI_t(**) + 0.09\ Patent_t(*) + 0.10\ Market_t(*)$$

$$TFP_t = c + 0.15 ln\ Ex_t + 0.24\ Z_4 + 0.19\ R\&D_t(**) - 0.006\ Education_t + 0.20\ Import_t + 0.02\ FDI_t(*) + 0.07\ Patent_t(*) + 0.11\ Market_t(*)$$

$$TFP_t = c + 0.09 ln\ Ex_t(**) + 0.63\ Z_5(**) + 0.19\ R\&D_t(**) - 0.005\ Education_t() + 0.21\ Import_t() + 0.05\ FDI_t(**) + 0.07\ Patent_t(*) + 0.10\ Market_t(*)$$

$$TFP_t = c + 0.14 ln\ Ex_t(**) - 0.23\ Z_6(*) + 0.18\ R\&D_t(*) - 0.006\ Education_t() + 0.17\ Import_t() + 0.04\ FDI_t(**) + 0.07\ Patent_t(*) + 0.11\ Market_t(*)$$

根据以上协整关系，韩国低技术工业部门出口贸易附加值占比阻碍了全要素生产率的进步，韩国在快速工业化过程中仍然存在部分低技术工业部门，大量购置多年的资本品仍然可以生产低技术商品以创造价值，但是这类商品由于暗含的技术水平较低，同时出口的对象主要为落后经济体，已经难以再推动韩国的技术进步，随着老旧资本品的折旧消逝，韩国低技术工业部门的出口将逐渐降低；中低技术部门的出口对全要素生产率的影响仍然体现为负向阻碍关系，但是从农业部门到低技术部门，再到中低技术部门，出口贸易附加值占比对全要素生产率的抑制效应逐渐降低，韩国作为新兴经济体，近几年技术进步很快，其静态的技术水平与动态的技术进步速度超过了绝大多数欧洲发达经济体，中低技术工业部门商品内含的技术水平已经低于韩国平均的技术水平，因此韩国将不能再从中低技术工业部门出口中汲取技术进步的分子，但是由于这类出口仍然含有一定的技术水平，所以其对技术进步也不会有较大的阻碍作用，随着该类产业出口竞争力逐渐向发展中国家与落后国家转移，韩国该类产业出口占比也将逐渐降低；中高技术工业部门出口对全要素生产率的影响效应开始由负变正，由于内含于出口商品的技术水平逐渐提高以及嵌入全球价值链的层次逐渐收敛于顶端，该类工业部门技术水平已经达到韩国平均技术水平，在外需刺激以及国外标准的技术溢出与扩散下，中高技术部门出口开始促进韩国全要素生产率的提升；高技术部门出口对全要素生产率的正效应达到最大化，也因其出口商品内含的技术水平最高，经过接近40年的快速发展，韩国的技术研发能力已经有了质的突破，而技术的研发最终应用于企业生产，最根本的需要商品生产具有规模效应以平摊研发成本，韩国国土面积狭小，人口数量仅相当于中国一个省，而出口可以实现研发费用平摊的规模效应，以韩国的现代企业与三星手机为例，作为汽车行业的全球第四与手机行业的全球第二，如果没有全球市场的支撑，仅依靠韩国本土市场，显然难以实现两大跨国巨头的成功；但是服务业部门出口并没有对全要素生产率产生促进作用，而且系数的显著性不高，进一步观察韩国服务业出口商品种类与数量，韩国服务业出口主要集中于本国跨国公司内部的人员流动以及售后服务，这类服务主要基于韩国本土技术向外输出技术服务，而投入的生产要素主要是劳动力，而且服务业层次并非高端，因此难以对技术进步产生促进效应，但服务业部门投入生产要素很少涉及能源与矿产资源等非可再生资源，因此服务业部门出口有利于韩国经济的可持续增长。

在以上协整关系的基础上进一步建立误差修正模型，以体现不同产业出口贸易附加值占比对全要素生产率的短期影响。具体 ECM 模型计量分析结果由表 5.29~5.33 表示。

表 5.29　低技术工业部门 ECM 模型计量分析结果

	Coefficient	Std. Error	T-Statistic	Prob.
C	0.012	0.004	2.96	0.004
D ($lnEx$)	−1.08	0.502	−2.15	0.03
ECM (−1)	−0.45	0.075	6.072	0.000
R^2	0.471			
DW	1.783			
F 值	13.78			

表 5.30　中低技术工业部门 ECM 模型计量分析结果

	Coefficient	Std. Error	T-Statistic	Prob.
C	0.011	0.004	2.88	0.005
D ($lnEx$)	−30.40	12.30	−2.471	0.016
ECM (−1)	−0.19	0.072	−2.639	0.014
R^2	0.396			
DW	1.515			
F 值	11.77			

表 5.31　中高技术工业部门 ECM 模型计量分析结果

	Coefficient	*Std. Error*	*T-Statistic*	*Prob.*
C	0.009	0.004	2.27	0.026
D（$lnEx$）	3.151	1.278	2.465	0.019
ECM（-1）	-0.166	0.064	-2.594	0.014
R^2	0.412			
DW	1.504			
F 值	13.15			

表 5.32　高技术工业部门 ECM 模型计量分析结果

	Coefficient	*Std. Error*	*T-Statistic*	*Prob.*
C	0.011	0.004	2.87	0.005
D（$lnEx$）	30.849	12.289	2.51	0.014
ECM（-1）	-0.480	0.172	-2.791	0.008
R^2	0.397			
DW	1.449			
F 值	12.63			

表 5.33　服务业部门 ECM 模型计量分析结果

	Coefficient	*Std. Error*	*T-Statistic*	*Prob.*
C	0.012	0.004	2.99	0.004
D（$lnEx$）	1.235	0.551	2.242	0.028
ECM（-1）	0.037	0.073	0.501	0.618
R^2	0.166			
DW	0.465			
F 值	4.709			

根据以上 ECM 模型计量分析结果，低技术工业部门、中低技术工业部门、中高技术工业部门、高技术工业部门误差修正项的系数为负，存在反向修正的关系，而且系数的显著性较高。这说明短期均衡具有向长期均衡收敛的机制，但是服务业部门 ECM 模型结果并不理想，短期动态关系并不存在向长期均衡的修正。

　　总量层面与分行业层面出口贸易附加值对全要素生产率的影响研究仍然不能完全窥探韩国出口贸易对技术进步的影响。作为世界经济发展进程中成功崛起的经济体,韩国已经深深嵌入国际生产体系,其出口市场几乎遍布全世界每一个国家。出口到不同层次国家的商品暗含的技术水平必然具有较大差距,基于出口目的地的视角研究不同出口市场贸易附加值占比对技术进步的影响将进一步丰富对韩国出口贸易的认知,下一节将展开对韩国不同目的地出口附加值占比对全要素生产率影响的计量分析。

5.3.5　不同目的地出口附加值占比对 TFP 的影响

　　基于全球市场的不同以及各国经济发展水平的差异,本书将全球出口贸易市场分为发达经济体、发展中经济体、西欧经济体、北美经济体与金砖经济体五种类型①,以观察韩国出口到这五个市场的贸易附加值占比对全要素生产率的影响。仍然基于上一章模型设定四,时间序列数据样本包括 1995—2014 年韩国季度数据样本,总样本量为 80。原始数据不存在不同地区出口贸易附加值的季度数据,本书基于年度数据分化合成。根据总量出口贸易数据与总量出口贸易附加值数据之间存在一个较为稳定的关系,因此用各地区季度总量数据占年度总量数据的比值将总量出口贸易附加值分化成季度数据。各地区总出口的季度数据与年度数据来源于韩国统计局网站与万德数据库,具体核算公式如下所示。

$$TivA_i^{Quarterly} = Ex_i^{Quarterly} / Ex_i^{Yearly} * TivA_i^{Yearly} \qquad （式5-3）$$

　　式 5-3 中,$TivA_i^{Quarterly}$、$Ex_i^{Quarterly}$、Ex_i^{Yearly}、$TivA_i^{Yearly}$ 分别表示韩国不同地区季度出口贸易附加值、不同地区季度出口贸易总量、不同地区年度出口贸易总量、不同地区年度出口贸易附加值总量。时间序列的实证分析首先要对变量进行平稳性检验,由于上文已经展示了部分变量的平稳性,因此为了节约篇幅,表 5.34 只公布韩国出口到 5 个地区贸易附加值占比的平稳性检验结果。

---

① 发达经济体包括澳大利亚、奥地利、比利时、加拿大、瑞士、德国、丹麦、西班牙、芬兰、法国、英国、爱尔兰、意大利、日本、韩国、卢森堡、荷兰、挪威、葡萄牙、瑞典、美国;发展中经济体为世界非竞争性投入产出表中剩余经济体;西欧经济体包括奥地利、比利时、捷克、德国、丹麦、西班牙、芬兰、法国、英国、希腊、匈牙利、爱尔兰、意大利、卢森堡、荷兰、葡萄牙、瑞典;北美经济体包括加拿大、墨西哥、美国;金砖经济体包括巴西、中国、印度、俄罗斯。

表5.34　单位根检验结果

变量	截距项	时间趋势	滞后阶数	ADF 值	5%临界值	10%临界值
Z_1	有	无	AIC 准则	-0.904	-2.90	-2.59
Z_2	有	无	AIC 准则	-0.623	-2.90	-2.59
Z_3	有	无	AIC 准则	-0.601	-2.90	-2.59
Z_4	有	无	AIC 准则	-1.022	-2.90	-2.59
Z_5	有	无	AIC 准则	-1.531	-2.90	-2.59
$D(Z_1)$	无	无	AIC 准则	-1.77*	-1.95	-1.61
$D(Z_2)$	无	无	AIC 准则	-1.98**	-1.95	-1.61
$D(Z_3)$	有	无	AIC 准则	-8.99***	-2.90	-2.59
$D(Z_4)$	无	无	AIC 准则	-2.45***	-1.95	-1.61
$D(Z_5)$	无	无	AIC 准则	-1.954**	-1.95	-1.61

ADF 值后的 * 、 * * 、 * * * 分别表示通过了 1%、5% 与 10% 的显著性水平，也即表示平稳性水平。

根据以上对韩国不同地区出口贸易附加值占比单位根检验的结果，滞后阶数的选择基于赤池信息准则做出，各变量的时间序列都存在单位根，但是差分以后的结果表明各变量在 10% 的显著性水平下拒绝单位根，说明各变量都是一阶单整序列，基于以上 ADF 检验结果，进一步将不同地区出口贸易附加值占比纳入模型中分别进行 5 次协整分析。误差项的平稳性检验结果均通过了 1% 的显著性水平，说明所选计量模型存在协整关系。首先给出韩国出口发达地区贸易附加值占比与各变量之间协整检验的结果，在 1% 的显著性水平上拒绝了存在 1 个协整关系的假设，即模型存在两个协整关系，对第一个协整向量进行正则化得到各系数估计值为（1, 0.143, -0.643, 0.169, -0.004, 0.298, 0.175,），对应的协整关系为：

$$TFP_t = C + 0.143 \ln Ex_t(**) - 0.643 Z_1(**) + 0.169 R\&D_t(*) - 0.004 Education_t + 0.298 Import_t(*) + 0.081 FDI_t(***) + 0.07 Patent_t(*) + 0.175 Market_t(**)$$

协整关系括号内表示各系数的显著性水平，除教育支出占 GDP 比重进口贸易占 GDP 比重以外，所有系数均通过了 10% 的 T 检验。根据计量分析结果，韩国出口发达地区的贸易附加值占比与全要素生产率之间存在长期稳定关系，出口贸易附加值每增加 1%，全要素生产率将下降 0.643%。类似于发达经济体出口到发达经济体贸易附加值占比对 TFP 的影响，韩国出口到发达经济体的商品虽然内含的技术水平较高，但是动态视角下，该类商品内含技术较为成熟，难以实现对技术的更新，进而也不利于韩国的技术进步。其他控制变量中的计量分析结果与上文出口贸易附加值对全要素生产率影响的分析结果并没有发生显著变化，具体解释不再赘述。下文进一步给出了剩余 4 个地区出口贸易附加值占比与全要素生产率之间的协整关系。

$$TFP_t = c + 0.139 ln\, Ex_t(**) + 4.137\, Z_2(**) + 0.117\, R\&D_t(*) - 0.003\, Education_t(\ ) + 0.247\, Import_t(*) + 0.06\, FDI_t(***) + 0.10\, Patent_t(**) + 0.151\, Market_t(*)$$

$$TFP_t = c + 0.141 ln\, Ex_t(**) - 11.329\, Z_3(***) + 0.159\, R\&D_t(*) - 0.005\, Education_t(\ ) + 0.294\, Import_t(\ ) + 0.08\, FDI_t(***) + 0.09\, Patent_t(**) + 0.103\, Market_t(*)$$

$$TFP_t = c + 0.156 ln\, Ex_t - 3.497\, Z_4 + 0.194\, R\&D_t(**) - 0.004\, Education_t + 0.279\, Import_t(\ ) + 0.05\, FDI_t(**) + 0.08\, Patent_t(**) + 0.129\, Market_t(*)$$

$$TFP_t = c + 0.098 ln\, Ex_t(**) + 14.519\, Z_5(**) + 0.192\, R\&D_t(*) - 0.005\, Education_t(\ ) + 0.221\, Import_t(\ ) + 0.07\, FDI_t(**) + 0.10\, Patent_t(**) + 0.141\, Market_t(*)$$

　　根据以上协整检验结果：韩国出口这五个地区的贸易附加值占比中，有两个地区出口贸易附加值占比的提升促进了韩国全要素生产率的提高，分别为发展中经济体与金砖经济体。由于当今全球价值链分工已经将生产环节转移到成本较低的发展中国家与地区，韩国出口到发展中经济体的商品也主要是由技术含量水平较高的中间商品构成，基于微观视角分析，韩国三星与现代两个大型跨国公司已经将生产转移到中国、印尼等发展中国家，但是韩国本土仍然保留三星手机芯片生产以及现代汽车核心零配件的生产，高附加值中间商品的生产是为了供给全球价值链，韩国参与全球价值链的高端环节必然是往装配环节的国家出口高端中间品，因此韩国出口到发展中经济体与金砖经济体的附加值占比提升有利于其本国的技术进步；而另三个地区出口贸易附加值占比却阻碍了韩国全要素生产率的提高，分别是发达经济体、西欧与北美地区。韩国作为新兴经济体，其发展速度与规模已经接近西欧部分老牌发达经济体，相比西班牙、希腊等严重遭受欧债危机的国家，韩国的人均 GDP 已经高于这两个国家，同时韩国展现出的良好发展预期也进一步使其向一线发达经济体靠拢，因此韩国与发达经济体之间开始在国际贸易格局中相互展开竞争。进一步观察韩国出口到发达经济体的商品种类与数量，韩国输往发达经济体的贸易份额越来越小，同时出口商品主要是最终商品，内含技术已经较为成熟，难以对生产与研发环节产生刺激效应。

在以上协整关系的基础上进一步建立误差修正模型，以体现不同产业出口贸易附加值占比对全要素生产率的短期影响。具体 ECM 模型计量分析结果由表 5.35-5.39 表示。

5.35　出口发达经济体贸易附加值占比 ECM 模型计量分析结果

	Coefficient	Std. Error	T-Statistic	Prob.
C	0.015	0.004	3.387	0.001
D (lnEx)	−1.757	0.578	−3.039	0.001
ECM (−1)	−0.025	0.075	−0.336	0.737
R^2	0.124			
DW	0.749			
F 值	2.942			

5.36　出口发展中经济体贸易附加值占比 ECM 模型计量分析结果

	Coefficient	Std. Error	T-Statistic	Prob.
C	0.009	0.005	1.809	0.074
D (lnEx)	−1.386	0.447	−3.100	0.001
ECM (−1)	−0.139	0.069	−2.019	0.043
R^2	0.599			
DW	1.635			
F 值	15.129			

5.37　出口西欧地区贸易附加值占比 ECM 模型计量分析结果

	Coefficient	Std. Error	T-Statistic	Prob.
C	0.008	0.005	1.786	0.078
D (lnEx)	1.569	0.738	2.126	0.044
ECM (−1)	−0.132	0.068	−1.941	0.058
R^2	0.597			
DW	1.661			
F 值	15.047			

5.38　出口北美地区贸易附加值占比 ECM 模型计量分析结果

	Coefficient	Std. Error	T-Statistic	Prob.
C	0.014	0.004	3.064	0.003
D (lnEx)	−2.063	0.815	−2.533	0.013
ECM (−1)	−0.161	0.074	−2.176	0.018
R^2	0.528			
DW	1.475			
F 值	13.44			

5.39　出口金砖经济体贸易附加值占比 ECM 模型计量分析结果

	Coefficient	Std. Error	T-Statistic	Prob.
C	0.014	0.004	3.364	0.001
D (lnEx)	−1.915	0.741	−2.584	0.012
ECM (−1)	−0.151	0.074	−2.041	0.017
R^2	0.525			
DW	1.479			
F 值	19.88			

根据以上 ECM 模型计量分析结果，除了出口发达地区贸易附加值占比的误差修正项系数不显著，剩余四个 ECM 模型误差修正项系数均为负数，且都通过了 10% 的显著性水平，这说明短期均衡具有向长期均衡收敛的机制。

5.3.6　小结

将韩国作为研究样本，通过对韩国出口与经济增长之间关系的研究，基于古典经济增长理论，发现总量出口贸易附加值的提升有利于代表经济增长的指标——人均 GDP 的增长，人均出口贸易附加值与人均 GDP 之间存在长期稳定关系，人均出口贸易附加值每增加 1%，人均 GDP 将增长 0.16%。而进一步基于新经济增长理论的视角研究出口贸易对代表长期可持续经济增长的指标——TFP 的影响，人均出口贸易附加值与全要素生产率之间存在长期稳定关系，出口贸易附加值每增加 1%，全要素生产率将增长 0.28%。出口附加值的提升对技术进步的提升要远大于对短期需求的拉动。在此基础上，进一步扩展出口对技术进步影响的研究。

不同产业出口附加值占比对 TFP 的影响研究结果表明：韩国作为新兴经济体，其国内的技术水平已经接近发达经济体的水平，出口通过拉动需求进而刺激研发或者通过逆向研发实现的技术溢出与扩散都需要建立在韩国的技术研发水平与研发能力上，出口商品技术含量越高，其对韩国的技术进步效应越大。

不同出口地区的贸易附加值占比对 TFP 的影响研究结果表明：21 世纪以来，全球价值链分工越来越细化，产品内贸易的兴起与发展中国家基础设施的完善、劳动力素质的提升以及国际稳定环境的延续导致国际生产体系逐渐转移到发展中国家与地区。表面上发达经济体进口技术含量较高的终端商品，但是真正促进韩国技术进步的出口主要体现为出口到发展中国家的附加值以及参与全球价值链分工的高技术中间商品。

5.4 中国出口贸易对经济增长的影响

5.4.1 引言

中国自改革开放以来，首先依靠出口加工贸易，"三来一补"的贸易方式快速融入国际生产体系，通过抓住"产业雁阵"国际转移的契机将国内闲置的劳动力、土地等生产要素融入全球价值链中，实现了出口贸易的快速发展（张少军，2015）。2001 年中国加入 WTO 以后，出口贸易的外部市场环境进一步得到放宽，截止到 2009 年，中国超越德国成为世界上货物贸易最大的出口国，图 5.10 展示了中国出口贸易自 1980 年以来每隔 5 年的发展趋势。根据图 5.10 所示，1980 年中国出口贸易总额仅为 181.2 亿美元，经过短短 35 年的发展，中国出口贸易总额已经达到 22734.7 亿美元，在 1980 年的基础上增长了 125 倍。

中国每隔 5 年出口总额

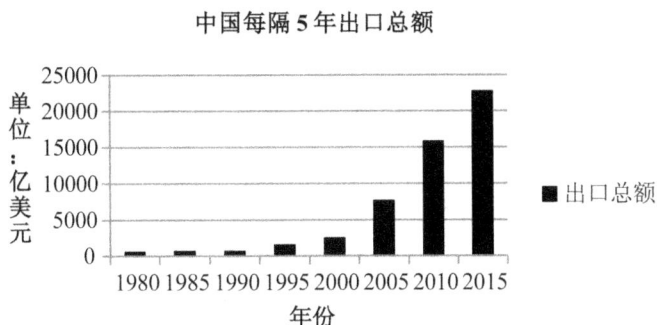

图 5.10　中国出口贸易总额变化趋势

中国加入 WTO 以后，出口贸易规模攀升速度更快，而同时期中国经济增长同样展现出一幅令世人瞩目的画卷。改革开放以来，中国宏观经济增长速度长期维持 10% 左右的平均增长速度，创造了大型经济体长达 30 多年保持高速增长的奇迹。这一过程中，出口贸易对经济增长的促进作用不可小觑。表 5.40 列示了中国自 1990 年至 2015 年出口贸易总额与人均 GDP 的数据，为了更加明晰表示两者之间的相关性，进一步画出了二者之间的散点图，如图 5.11 所示。

表 5.40　中国出口贸易总额（单位：亿美元）与人均 GDP 数据（1990—2015 年）（单位：美元）

年份	1990	1991	1992	1993	1994	1995	1996	1997
出口贸易总额	620.9	718.4	849.4	917.4	1210.1	1487.8	1510.5	1827.9
人均 GDP	345.2	354.5	417.0	517.9	465.8	600.1	700.3	773.9
年份	1998	1999	2000	2001	2002	2003	2004	2005
出口贸易总额	1837.1	1949.3	2492	2661	3256	4382.3	5933.3	7619.5
人均 GDP	822.5	868.8	956.6	1052.3	1150.3	1293.9	1514.1	1768.3
年份	2006	2007	2008	2009	2010	2011	2012	2013
出口贸易总额	9689.8	12200	14306	12016	15777	18983	20487	22090
人均 GDP	2113.5	2706.4	3470.5	3839.8	4523.8	5579.4	6323.1	7071.5
年份	2014	2015						
出口贸易总额	23422	22734						
人均 GDP	7692.6	8109						

（单位：美元）

出口贸易总额与人均 GDP 之间散点图

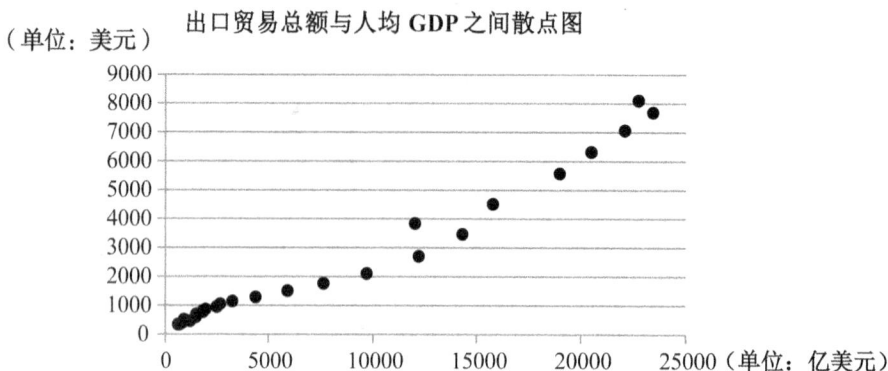

图 5.11　中国出口贸易总额与 GDP 之间散点图

　　根据出口贸易与人均 GDP 之间的散点图，出口贸易与经济增长之间的正相关性关系强烈。改革开放初期，出口贸易迅速吸纳从农业生产中转移出的剩余劳动力，创造大量外汇在为本国经济发展积累资本的同时也培育了本国的工业部门与产业工人。宏观层面上，通过出口贸易，中国不断嵌入国际生产体系，并在国际经济舞台上逐渐占有更加重要的地位。外向型经济发展战略也通过出口贸易实现了中国长达 30 年的资本快速积累，因此出口对中国经济增长的促进作用不言而喻。但是就目前大量的出口加工贸易造成的低端生产要素的大量使用这一现状，出口贸易对国内生产要素数量与质量提升的边际效果将呈递减的态势，过去中国政府不断释放出口贸易的活力，为出口贸易发展扫清前进道路上的障碍，但是当今现阶段，出口贸易快速扩张的过程中也出现了一系列问题：首先，中国出口贸易商品主要集中在集约边际的规模中，难以抵挡外部市场冲击对出口贸易的影响风险（盛斌、吕越，2014）；其次，中国出口贸易消耗了大量生产要素，资源与环境承载压力逐渐增大（孙小羽、臧新，2009；李昭华、傅伟，2013），受制于发达国家严格的环境规制，破坏生态环境的低端生产环节转移到中国这样的发展中国家（任力、黄崇杰，2015；Hering & Poncet，2014）。再次，中国出口贸易集中于全球价值链的低端，以附加值核算的中国出口贸易收益并不高，通过出口贸易嵌入国际生产体系出现了"低端锁定"现象，难以向价值链的高端进发（刘维林，2014）。最后，出口贸易未提前转型升级以缓解当前生产要素面临的约束（马述忠等，2016），低端生产要素开始出现匮乏，而高端生产要素却不能继续接力低端生产要素实现出口贸易的转型升级与高附加值化，尤其是以人口红利逐渐消失为代表的刘易斯拐点的到来，以及中国土地、能源等消耗型生产要素的紧缺，导致中国出口贸易的比较优势逐渐消失（陈松、刘海云，2013）。基于世界经济发展的经验，没有任何一个经济体长期依靠有量无质的出口贸易实现经济的可持续发展。经济增长的初期，商品生产可以聚焦于本国的比较优势，通过资源与市场换取技术与资本，但长期出口低技术含量与低附加值商品将不断耗竭本国有限的生产要素、能源与矿产资源，随着生产要素与资源的逐渐稀缺，生产要素与资源价格将不断上涨，最终导致出口贸易不可持续，对经济增长的边际促进作用将逐渐降低。以上分析进一步引起了对中国出口贸易的担忧，中国的经济增长会不会一直受益于庞大的出口贸易体量？因此需要基于更加严谨的研究方法分析中国出口贸易对经济增长的影响，仍然基于上一节韩国出口贸易对经济增长影响的研究框架，首先展开总量出口附加值对 GDP 影响的实证分析。

5.4.2　出口附加值对 GDP 的影响

类似于韩国，中国作为独立的经济体，只能用时间序列数据进行研究，根据 WIOD 数据库核算的中国出口贸易附加值数据只有 20 个样本，但是 20 年的年度数据对于时间序列的实证分析会导致小样本回归产生的偏差，因此采用季度数据，利用 1995 年第一季度到 2014 年第四季度的数据，样本数为 80 个。研究出口贸易附加值对代表短期经济增长指标——人均 GDP 的影响，基本的模型选取上一章的模型设定一，模型中具体的变量说明如上一章所述，这里不再赘述。鉴于部分变量的季度数据难以获取，处理方法仿照韩国季度数据对年度数据进行分化合成处理。时间序列分析中需要避免变量的非平稳性造成的伪回归，因此首先利用 Dickey 和 Fuller（1981）提出的 ADF 单位根检验判断数据的平稳性，所用计量工具为 Eviews 7.0。具体检验方法根据是否存在截距项、时间趋势项分为三种，单位根检验结果如表 5.41 所示。

表 5.41　单位根检验结果

变量	截距项	时间趋势	滞后阶数	ADF 值	5%临界值	10%临界值
LnGDP	有	无	AIC 准则	0.945	−2.89	−2.59
LnEx	有	无	AIC 准则	−0.847	−2.90	−2.59
LnPcapital	有	无	AIC 准则	−1.19	−2.90	−2.59
Hcapital	有	无	AIC 准则	0.473	−2.90	−2.59
Market	有	无	AIC 准则	−0.643	−2.90	−2.59

续表

变量	截距项	时间趋势	滞后阶数	ADF 值	5%临界值	10%临界值
Im	有	无	AIC 准则	−0.769	−2.90	−2.59
$LnEndow$	有	无	AIC 准则	−0.471	−2.90	−2.59
$D（LnGDP）$	有	无	AIC 准则	−3.07＊＊	−2.90	−2.59
$D（LnEx）$	有	无	AIC 准则	−3.12＊＊	−2.90	−2.59
$D（LnPcapital）$	无	无	AIC 准则	−1.96＊＊	−1.95	−1.61
$D（Hcapital）$	有	无	AIC 准则	−2.71＊	−2.90	−2.59
$D（Market）$	有	无	AIC 准则	−3.17＊＊	−2.90	−2.59
$D（Im）$	无	无	AIC 准则	−2.51＊＊	−1.95	−1.61
$D（LnEndow）$	无	无	AIC 准则	−1.84＊	−1.95	−1.61

ADF 值后的＊、＊＊、＊＊＊分别表示通过了 1%、5% 与 10% 的显著性水平，也即表示平稳性水平。

平稳性检验的结果表明各变量都是一阶单整的时间序列过程，经过差分以后变为平稳性过程。为了体现中国人均出口贸易附加值对人均 GDP 的影响，首先基于以上计量模型估计各变量的长期均衡关系，同时生产残差序列并对其进行平稳性检验，结果表明残差序列为平稳性序列，因此以上计量模型各变量之间存在协整关系：

$$LnGDP_t = 1.64(＊＊＊) + 0.695Ln\ Ex_t(＊＊＊) + 0.041\ R\&D_t(＊) + 0.722Ln\ Pcapital_t(＊＊＊)$$

$$- 0.139\ Hcapital_t(＊＊) + 0.225\ FDI_t(＊＊) + 0.282\ Market_t(＊＊) + 0.323\ Endow_t(＊＊) + \varepsilon_t$$

协整分析结果表明中国人均 GDP 受人均出口贸易附加值的影响非常显著，人均出口贸易附加值每提升 1%，中国人均 GDP 将提升 0.695%。出口贸易带动了中国大量生产要素参与国际生产体系，大量闲置生产要素的参与直接促进了国内生产能力的提高，不论是哪种类型的经济体，出口附加值都将作为 GDP 的一部分计入其中。其他控制变量中，研发投入同样促进了人均 GDP 的提升，但是系数绝对值较小。中国经济增长并非是技术进步带动的经济增长质量的提升，作为技术后发国家，自主研发对技术进步的促进作用十分有限，进而对经济增长的促进作用也非常小；中国人均 GDP 的提高最受益于人均物质资本存量的提升，这进一步表明资本积累对中国短期经济增长的重要性，自改革开放以来，中国长期保持高储蓄率，资本积累速度十分快，物质资本存量上升迅速，资本深化与资本广化的过程促进了中国的经济增长；人力资本水平的提升反而不利于中国人均 GDP 的提升，由于人力资本水平用人均受教育年限代替，受教育年限的提升将消耗当期积累，所以短期来看，人力资本水平的提升不利于人均 GDP 的提升；外资的进入有力地促进中国短期经济增长，由于外资的进入充分利用了中国闲置的生产要素，同时对中国本土企业通过横向与纵向的联系带动了全产业链的发展，使中国生产要素快速纳入国际生产体系，促进了 GDP 的增长；市场化程度的提升显著促进了中国人均 GDP 的提高，作为计划经济向市场经济的转轨经济体，市场化水平的提升将进一步实现生产要素与商品消费的优化配置，同等投入的基础上将实现更大的产出；中国资源禀赋的利用对 GDP 的提升作用也较高，中国地大物博，能源与矿产资源丰富，尤其以工业生产中重要的能源提供者——煤炭，不论是存储量还是开采量均居世界第一，GDP 构成中自然资源的利用不可小觑。

协整关系只能说明中国人均出口贸易附加值与人均 GDP 之间的长期稳定关系，但是为了体现出口对人均 GDP 的短期影响，在协整关系的基础上进一步构建误差修正模型，计量分析结果如表 5.42 所示。

表 5.42　Eviews 计量分析结果

	Coefficient	*Std. Error*	*T-Statistic*	*Prob.*
C	0.024	0.003	11.17	0.000
D（$lnEx$）	0.273	0.050	5.447	0.000
ECM（-1）	-0.066	0.033	-1.997	0.049
R^2	0.697			
DW	1.227			
F 值	25.949			

由于计量分析涉及的时间序列数据为季度数据，根据一年具有四季度的现实将最大滞后阶数设定为 4，再通过 AIC 准则选择各变量的滞后阶数，同时去掉在统计上不显著的解释变量，得到上表计量分析结果，限于篇幅，我们仅列示了核心解释变量的计量分析结果。结果表明，误差修正项的系数为负，且通过了 5% 的显著性水平，这表明长期协整关系的短期表现较为稳定，差分后的人均出口贸易附加值仍然对当期差分后的人均 GDP 具有显著的促进作用。

5.4.3 出口附加值对 TFP 的影响

基于古典经济增长理论的视角，经济增长由人均 GDP 来表示，但新经济增长理论指出经济增长由技术进步决定。与上文研究出口贸易附加值对人均 GDP 的影响类似，下文将基于新经济增长理论的视角，进一步展开中国出口贸易附加值对技术进步影响的研究。采用上一章模型设定二，首先给出各变量的平稳性检验结果，如表 5.43 所示。各变量二次差分以后变为平稳性序列，同时对以上模型进行实证分析，对残差进行平稳性检验，结果表明以上计量模型变量之间存在协整关系，下文进一步给出了协整关系。

表 5.43　单位根检验结果

变量	截距项	时间趋势	滞后阶数	ADF 值	5%临界值	10%临界值
TFP	有	无	AIC 准则	1.182	−2.90	−2.59
$LnEx$	有	无	AIC 准则	−0.847	−2.90	−2.59
$R\&D$	有	无	AIC 准则	0.271	−2.90	−2.59
$Education$	有	无	AIC 准则	2.092	−2.90	−2.59
$Market$	有	无	AIC 准则	−0.452	−2.90	−2.59
Im	有	无	AIC 准则	−0.643	−2.90	−2.59
$D(TFP)$	有	无	AIC 准则	0.183	−2.90	−2.59
$D(LnEx)$	有	无	AIC 准则	−3.12 **	−2.90	−2.59
$D(R\&D)$	无	无	AIC 准则	−2.51 **	−1.95	−1.61
$D(Education)$	有	无	AIC 准则	−2.877 *	−2.90	−2.59
$D(Market)$	有	无	AIC 准则	−2.440	−2.90	−2.59
$D(Im)$	有	无	AIC 准则	−3.174 **	−2.90	−2.59
$D^2(TFP)$	有	无	AIC 准则	−10.143 ***	−2.90	−2.59
$D^2(Market)$	有	无	AIC 准则	−8.751 ***	−2.90	−2.59

ADF 值后的 *、**、*** 分别表示通过了 1%、5% 与 10% 的显著性水平，也即表示平稳性水平。

$$TFP_t = -0.129(***) + 0.024 \ln Ex_t(**) + 0.097 R\&D_t(***) - 0.051 Education_t(***) + 0.146 Import_t(***) + 0.113 FDI_t(*) + 0.048 Patent_t(*) + 0.436 Market_t(***) + \varepsilon_t$$

　　以上协整关系表明，中国人均出口贸易附加值的提升推动了技术进步，但是系数绝对值相对较小，相比出口贸易附加值对人均 GDP 的影响要弱很多。进一步观察中国出口商品的种类，发现大多集中在低技术工业部门与中低技术工业部门，同时在出口退税以及大量出口加工贸易比重的背景下，中国微观出口企业的全要素生产率水平要低于非出口企业，因此不论从需求刺激技术进步的视角还是技术溢出与扩散的视角都难以促进中国的技术进步。其他控制变量中，研发支出对全要素生产率水平的提升产生了正向的促进作用，创新模式选择中，自主创新是重要的技术创新路径之一，而自主创新需要本国的研发支出作为支撑，中国作为技术后发国，研发支出推动的自主创新意义重大；当期教育支出阻碍了中国全要素生产率的提升，或许当期教育投入产生的效应在未来期才能有所体现，"十年树木，百年树人"，教育对技术进步的推动作用主要通过提升经济体人力资本水平，而这一路径并非立竿见影，甚至当期教育投入也会占用大量培育劳动力的人力资本，所以对技术进步不利；进口贸易与国外直接投资对全要素生产率也产生了正向的促进作用，作为技术落后经济体，进口贸易与 FDI 对中国的技术溢出与扩散十分重要；国外专利申请虽然对全要素生产率体现为正向的效应，但是系数绝对值较小，随着中国经济发展水平的提升，不论中国自主研发主体还是发达国家跨国公司都有主动提升中国知识产权保护水平的诉求，而实际中国知识产权保护水平也实现了较大水平的提升，但是严格的知识产权保护水平却不利于国外专利申请的技术溢出与扩散；最能提升中国全要素生产率水平的影响因素是中国市场化水平的提升，由于过去计划经济困扰中国生产要素的配置，市场化水平的逐步提高将快速优化资源配置，调动生产要素创造价值的积极性，提升中国生产效率。协整关系展示了中国出口贸易与全要素生产率之间的长期关系，基于此进一步建立 ECM 模型以窥探短期因素对中国全要素生产率的影响。定义协整关系的残差为误差修正项，建立以下误差修正模型，计量分析结果见表 5.44。

5.44　Eviews 计量分析结果

	Coefficient	Std. Error	T-Statistic	Prob.
C	0.005	0.001	5.485	0.000
D（lnEx）	0.052	0.021	2.451	0.017
ECM（-1）	-0.066	0.025	-2.643	0.012
R^2	0.582			
DW	1.194			
F 值	13.384			

由于计量分析涉及的时间序列数据为季度数据，根据一年具有四季度的现实将最大滞后阶数设定为 4，再通过 AIC 准则选择各变量的滞后阶数，同时去掉在统计上不显著的解释变量，得到上表计量分析结果，限于篇幅仅列示了核心解释变量的计量分析结果。计算结果表明，误差修正项的系数为负，且通过了 5%的显著性水平，这表明长期协整关系的短期表现较为稳定，差分后的人均出口贸易附加值仍然对当期差分后的全要素生产率具有显著的促进作用。

5.4.4 不同产业出口附加值对 TFP 的影响

继总量出口贸易附加值对技术进步的影响研究之后，对加入不同行业出口贸易附加值占比进行研究，以进一步探究不同行业出口贸易附加值占比对全要素生产率的影响，计量模型设定选取上一章模型三，时间序列数据样本包括 1995—2014 年季度数据样本，总样本量为 80。原始数据不存在不同产业出口贸易附加值的季度数据，本书基于年度数据分化合成。根据总量出口贸易数据与总量出口贸易附加值数据之间存在一个较为稳定的关系，用各产业季度总量数据占年度总量数据的比值将各产业总量出口贸易附加值分化成季度数据。各产业总出口的季度数据与年度数据来源于中国历年统计年鉴、历年《对外贸易统计年鉴》与万德数据库，具体核算公式如下所示。

$$TivA_i^{Quarterly} = Ex_i^{Quarterly} / Ex_i^{Yearly} * TivA_i^{Yearly} \qquad (5-4)$$

式 5-4 中，$TivA_i^{Quarterly}$、$Ex_i^{Quarterly}$、Ex_i^{Yearly}、$TivA_i^{Yearly}$ 分别表示不同产业季度出口贸易附加值、不同产业季度出口贸易总量、不同产业年度出口贸易总量、不同产业年度出口贸易附加值总量。时间序列的实证分析首先要对变量进行平稳性检验，由于上文已经展示了部分变量的平稳性，因此为了节省篇幅，表 5.45 只公布中国 6 个产业大类出口贸易附加值占比的平稳性检验结果。

表 5.45 单位根检验结果

变量	截距项	时间趋势	滞后阶数	ADF 值	5%临界值	10%临界值
Z_1	有	无	AIC 准则	0.974	−2.90	−2.59
Z_2	有	无	AIC 准则	−2.029	−2.90	−2.59
Z_3	有	无	AIC 准则	−0.351	−2.90	−2.59
Z_4	有	无	AIC 准则	−1.466	−2.90	−2.59
Z_5	有	无	AIC 准则	−1.95	−2.90	−2.59
Z_6	有	无	AIC 准则	−1.92	−2.90	−2.59

变量	截距项	时间趋势	滞后阶数	ADF 值	5%临界值	10%临界值
$D(Z_1)$	无	无	AIC 准则	-2.232 * *	-1.95	-1.61
$D(Z_2)$	无	无	AIC 准则	-2.910 * * *	-1.95	-1.61
$D(Z_3)$	有	无	AIC 准则	-3.396 * * *	-2.90	-2.59
$D(Z_4)$	有	无	AIC 准则	-3.419 * * *	-2.90	-2.59
$D(Z_5)$	无	无	AIC 准则	-2.585 * * *	-1.95	-1.61
$D(Z_6)$	无	无	AIC 准则	-2.16 * *	-1.95	-1.61

　　ADF 值后的 * 、 * * 、 * * * 分别表示通过了 1%、5%与 10%的显著性水平，也即表示平稳性水平。

　　根据以上对不同产业出口贸易附加值占比单位根检验的结果，滞后阶数的选择基于赤池信息准则做出，各变量的时间序列都存在单位根，但是差分以后的结果表明各变量在 5%的显著性水平下拒绝单位根，说明各变量都是一阶单整序列，基于以上 ADF 检验结果，进一步将不同行业出口贸易附加值占比纳入模型中分别进行 6 次协整分析。误差项的平稳性检验结果均通过了 1%的显著性水平，说明所选计量模型存在协整关系。根据最小化 AIC 与 SC 信息准则选取协整模型的设定标准与滞后期的确定，经多次检验，协整变量具有线性趋势，选择滞后一期。首先给出农业部门出口贸易附加值占比与各变量之间协整检验的结果，在 1%的显著性水平上拒绝了存在 1 个协整关系的假设，即模型存在两个协整关系，对第一个协整向量进行正则化得到各系数估计值为（1，0.041，-2.02，0.145，-0.047，0.055，0.354），对应的协整关系为：

$$TFP_t = c + 0.041 \ln Ex_t(*) - 2.026 Z_1(**) + 0.145 R\&D_t(***) - 0.047 Education_t(*) + 0.055 Import_t(**) + 0.091 FDI_t(*) + 0.113 Patent_t() + 0.354 \ln Market_t(***)$$

　　协整关系括号内表示各系数的显著性水平，除了国外专利申请以外，所有系数均通过了 10%的 T 检验。根据计量分析结果，在核心变量中，农业部门出口贸易附加值与全要素生产率之间呈现反向关系，农业部门出口贸易附加值每增长 0.01，全要素生产率将降低 0.02。作为金砖经济体代表与全世界最大的发展中国家，中国的技术水平已经有了长足的进步，但是中国人口众多，以家庭联产承包责任制的家庭农庄生产模式仍然没有改变，在满足本国农产品需求的基础上并没有太多出口。进一步观察中国农业部门出口的商品，主要是中国传统农产品以及基于农业生产的手工业制造出口，内含的技术水平非常有限，而且限于供给能力与生产方式，外部需求的刺激很难实现规模化生产，因此农业部门对中国技术进步并没有促进作用。其他控制变量中的计量分析结果与上文对总量出口贸易附加值对全要素生产率影响的分析结果并没有发生显著变化，具体解释不再赘述。

Johansen 协整关系通常表述的是变量之间的一种"长期均衡"关系，但是实际的经济数据往往也存在"非均衡过程"，这种"非均衡过程"大多体现为一种短期的动态关系，而误差修正模型（ECM）则可以体现这种动态非均衡过程。基于此，在协整检验的基础上进一步建立如下误差修正模型，构造 ECM 模型，同时计量结果见表 5.46。

表 5.46　Eviews 计量分析结果

	Coefficient	Std. Error	T-Statistic	Prob.
C	0.007	0.0006	11.325	0.000
$D（lnEx）$	−1.285	0.592	−2.174	0.033
$ECM（−1）$	−0.091	0.028	−3.252	0.006
R^2	0.569			
DW	1.257			
F 值	12.663			

根据以上误差修正模型的计量分析结果，误差修正项的系数显著为负，表明短期的非均衡向长期均衡收敛。基于增量关系的分析，差分后的农业部门出口贸易附加值占比对差分后的全要素生产率仍然体现为一种负向的阻碍关系，并且通过了 5%的显著性水平。下文进一步给出了剩余 5 个产业部门出口贸易附加值占比与全要素生产率之间的协整关系：

$TFP_t = c + 0.032ln\,Ex_t（**） − 6.26\,Z_2（*） + 0.085\,R\&D_t（*） − 0.039\,Education_t（*） + 0.122\,Import_t（***） + 0.128\,FDI_t（**） + 0.144\,Patent_t（） + 0.397\,Market_t（*）$

$TFP_t = c + 0.059ln\,Ex_t（*） − 11.52\,Z_3（***） + 0.132\,R\&D_t（*） − 0.025\,Education_t（*） + 0.157\,Import_t（） + 0.085\,FDI_t（*） + 0.169\,Patent_t（*） + 0.541\,Market_t（*）$

$TFP_t = c + 0.040ln\,Ex_t（*） + 4.298\,Z_4（**） + 0.094\,R\&D_t（***） − 0.036\,Education_t（*） + 0.211\,Import_t（） + 0.136\,FDI_t（**） + 0.105\,Patent_t（） + 0.440\,Market_t（*）$

$TFP_t = c + 0.028 ln\ Ex_t(**) + 21.597\ Z_5(*) + 0.099\ R\&D_t(*) - 0.028$
$Education_t(*) + 0.194\ Import_t(\ ) + 0.110\ FDI_t(**) + 0.187\ Patent_t(**) +$
$0.423\ Market_t(*)$

$TFP_t = c + 0.033 ln\ Ex_t(**) + 9.471\ Z_6(***) + 0.148\ R\&D_t(*) -$
$0.041\ Education_t(\ ) + 0.171\ Import_t(\ ) + 0.954\ FDI_t(**) + 0.166\ Patent_t(**) +$
$0.363\ Market_t(*)$

根据以上协整关系，中国低技术工业部门出口贸易附加值占比对全要素生产率仍然起到了抑制效应，并且作用系数要大于农业部门出口贸易附加值占比，由于中国作为快速发展的工业化国家，出口贸易附加值主要由工业部门创造，而低技术工业部门出口占比的提升更加容易固化中国低端出口模式，对技术进步的阻碍作用更大；中低技术部门出口贸易附加值占比对全要素生产率的阻碍作用达到最大，当今中国技术水平与国际前沿面的距离不断缩小，而中低技术工业部门出口商品的技术水平已经低于当今中国整体的技术水平，但出口企业从体量较为庞大的中低技术部门出口中仍然获益较大，这种获益固化了中国出口模式，而且大量出口加工企业也囤积于中低技术工业部门，消耗了大量生产要素换取的收益将使中国的技术进步进程滞后，随着中低技术部门固定资产的不断折旧与产业的升级换代，才能逐渐降低中低技术部门出口对技术进步的阻碍效应；中高技术部门出口对技术进步的影响开始转为正向的促进作用，中国整体的技术水平并不高，虽然在部分高技术领域具有一定的突破，但中国的平均技术水平仍然低于发达经济体与新兴经济体的水平，中高技术部门是契合中国的适宜技术水平，在国外需求的刺激以及国内逆向技术研发的情况下进一步促进中国的技术进步；高技术部门出口占比对技术进步的正向促进作用达到最大化，高技术部门出口商品内含的技术水平已经高于中国的平均技术水平，在中国技术研发能力有了长足进步的现阶段，外部市场的需求刺激与订单化定制将进一步通过逆向研发提升中国的技术进步，进一步观察中国高技术工业部门出口商品的种类，以高端机床制造、精细化工为代表的商品出口在供给外部市场的同时也将对本土市场供给，实现本国的技术进步；服务业部门出口附加值占比提升对中国技术进步仍然具有正向的促进作用，由于中国服务业开始走向高端化，以金融、保险、IT 等为代表的高端服务业出口将给予中国国内企业从外部市场需求中获得技术进步的机会。在以上协整关系的基础上进一步建立误差修正模型，以体现不同产业出口贸易附加值占比对全要素生产率的短期影响。具体 ECM 模型计量分析结果由表 5.47~5.51 表示。

表 5.47　低技术工业部门 ECM 模型计量分析结果

	Coefficient	Std. Error	T-Statistic	Prob.
C	0.007	0.001	11.652	0.000
$D(Z_1)$	−0.201	0.079	−2.533	0.023
$ECM(-1)$	−0.075	0.028	2.611	0.019
R^2	0.625			
DW	1.237			
F 值	19.759			

表 5.48　中低技术工业部门 ECM 模型计量分析结果

	Coefficient	Std. Error	T-Statistic	Prob.
C	0.007	0.001	11.802	0.000
$D(lnEx)$	0.421	0.192	2.193	0.043
$ECM(-1)$	−0.063	0.026	−2.423	0.018
R^2	0.514			
DW	1.236			
F 值	15.591			

表 5.49　中高技术工业部门 ECM 模型计量分析结果

	Coefficient	Std. Error	T-Statistic	Prob.
C	0.007	0.001	11.619	0.000
$D(lnEx)$	0.495	0.230	2.151	0.046
$ECM(-1)$	−0.063	0.027	−2.339	0.021
R^2	0.531			
DW	1.230			
F 值	12.34			

表 5.50　高技术工业部门 ECM 模型计量分析结果

	Coefficient	Std. Error	T-Statistic	Prob.
C	0.007	0.001	10.385	0.000
D (lnEx)	0.683	0.336	2.033	0.051
ECM (−1)	−0.149	0.068	−2.191	0.044
R^2	0.623			
DW	1.441			
F 值	13.541			

表 5.51　服务业部门 ECM 模型计量分析结果

	Coefficient	Std. Error	T-Statistic	Prob.
C	0.006	0.001	10.453	0.000
D (lnEx)	0.944	0.551	1.709	0.163
ECM (−1)	−0.342	0.149	−2.295	0.037
R^2	0.499			
DW	1.373			
F 值	9.582			

根据以上 ECM 模型计量分析结果, 误差修正项的系数均为负, 存在反向修正的关系, 而且系数的显著性较高, 这说明短期均衡具有向长期均衡收敛的机制。总量层面与分行业层面出口贸易附加值对全要素生产率的影响研究仍然不能完全窥探所有维度下中国出口贸易对技术进步的影响。出口到不同层次国家的商品暗含的技术水平必然具有较大差距, 基于出口目的地的视角研究不同出口市场贸易附加值占比对技术进步的影响将进一步丰富本书对中国出口贸易的认知。

5.4.5　不同目的地出口附加值对 TFP 的影响

基于全球市场的区别与各国经济发展水平的不同, 本书将全球出口贸易市场分为发达经济体、发展中经济体、西欧经济体、北美经济体与金砖经济体五种类型①，以观察中国出口到这五个市场的贸易附加值对全要素生产率的影响。仍然基于上一章模型设定四，具体的模型设定不再赘述，其中，Z_i 表示不同地区出口贸易附加值占总出口贸易附加值的比重，时间序列数据样本包括1995—2014 年季度数据样本，总样本量为80。原始数据不存在不同地区出口贸易附加值的季度数据，本书基于年度数据分化合成。根据总量出口贸易数据与总量出口贸易附加值数据之间存在一个较为稳定的关系，用各地区季度总量数据占年度总量数据的比值将总量出口贸易附加值分化成季度数据。各地区总出口的季度数据与年度数据来源于中国对外贸易统计年鉴、世界银行数据库、联合国数据库与万德数据库，具体核算公式如下所示。

$$TivA_i^{Quarterly} = Ex_i^{Quarterly} / Ex_i^{Yearly} * TivA_i^{Yearly} \qquad (5-5)$$

式 5-5 中，$TivA_i^{Quarterly}$、$Ex_i^{Quarterly}$、Ex_i^{Yearly}、$TivA_i^{Yearly}$ 分别表示中国出口到 i 地区季度出口贸易附加值、季度出口贸易总量、年度出口贸易总量、年度出口贸易附加值总量。时间序列的实证分析首先要对变量进行平稳性检验，由于上文已经展示了部分变量的平稳性，因此为了节约篇幅，表 5.52 只公布了中国出口 5 个地区贸易附加值占比的平稳性检验结果。

表 5.52　单位根检验结果

变量	截距项	时间趋势	滞后阶数	ADF 值	5%临界值	10%临界值
Z_1	有	无	AIC 准则	−0.379	−2.90	−2.59
Z_2	有	无	AIC 准则	−0.504	−2.90	−2.59
Z_3	有	无	AIC 准则	−2.194	−2.90	−2.59
Z_4	有	无	AIC 准则	−0.902	−2.90	−2.59
Z_5	有	无	AIC 准则	−0.649	−2.90	−2.59
$D(Z_1)$	有	无	AIC 准则	−9.526***	−2.90	−2.59
$D(Z_2)$	无	无	AIC 准则	−2.099**	−1.95	−1.61
$D(Z_3)$	有	无	AIC 准则	−8.774***	−2.90	−2.59
$D(Z_4)$	无	无	AIC 准则	−8.752***	−1.95	−1.61
$D(Z_5)$	无	无	AIC 准则	−1.955**	−1.95	−1.61

ADF 值后的 *、**、*** 分别表示通过了 1%、5%与 10%的显著性水平，也即表示平稳性水平。

---

① 发达经济体包括澳大利亚、奥地利、比利时、加拿大、瑞士、德国、丹麦、西班牙、芬兰、法国、英国、爱尔兰、意大利、日本、韩国、卢森堡、荷兰、挪威、葡萄牙、瑞典、美国；发展中经济体为世界非竞争性投入产出表中剩余经济体；西欧经济体包括奥地利、比利时、捷克、德国、丹麦、西班牙、芬兰、法国、英国、希腊、匈牙利、爱尔兰、意大利、卢森堡、荷兰、葡萄牙、瑞典；北美经济体包括加拿大、墨西哥、美国；金砖经济体包括巴西、中国、印度、俄罗斯。

根据以上对中国出口不同地区贸易附加值占比单位根检验的结果，滞后阶数的选择基于赤池信息准则做出，各变量的时间序列都存在单位根，但是差分以后的结果表明各变量在 10% 的显著性水平下拒绝单位根，说明各变量都是一阶单整序列，基于以上 ADF 检验结果，进一步将出口不同地区贸易附加值占比纳入模型中分别进行 5 次协整分析。误差项的平稳性检验结果均通过了 1% 的显著性水平，这说明所选计量模型存在协整关系。首先给出中国出口发达地区贸易附加值占比与各变量之间协整检验的结果，在 1% 的显著性水平上拒绝了存在 1 个协整关系的假设，即模型存在两个协整关系，对第一个协整向量进行正则化得到各系数估计值为 (1, 0.022, 0.359, 0.116, −0.027, 0.212, 0.540,)，对应的协整关系为：

$$TFP_t = c + 0.022 ln\,Ex_t(*) + 0.359\,Z_1(*) + 0.116\,R\&D_t(**) - 0.027\,Education_t(\,) + 0.212\,Import_t(*) + 0.202 FDI_t(**) + 0.091\,Patent_t(*) + 0.540\,Market_t(**)$$

协整关系括号内表示各系数的显著性水平，除教育支出占 GDP 比重外，所有系数均通过了 10% 的 T 检验。根据计量分析结果，中国出口欧美地区的贸易附加值占比与全要素生产率之间存在长期稳定关系，出口贸易附加值每增加 1 个点，全要素生产率将上升 0.359%。欧盟是中国重要的对外贸易合作伙伴，并且欧盟对中国商品的需求较为高端，在订单化生产与欧盟标准出口的商品中，高技术含量商品的逆向研发与技术外溢将有效促进中国全要素生产率水平的提升。其他控制变量中的计量分析结果与上文对总量出口贸易附加值对全要素生产率影响的分析结果并没有发生显著变化，具体解释不再赘述。下文进一步给出了剩余 4 个地区出口贸易附加值占比与全要素生产率之间的协整关系。

$$TFP_t = c + 0.010 ln\,Ex_t(**) - 1.542\,Z_2(**) + 0.179\,R\&D_t(*) - 0.025\,Education_t(\,) + 0.262\,Import_t(**) + 0.119 FDI_t(*) + 0.138\,Patent_t(*) + 0.552\,Market_t(*)$$

$$TFP_t = c + 0.019 ln\,Ex_t(**) + 1.147\,Z_3(***) + 0.142\,R\&D_t(*) - 0.056\,Education_t(*) + 0.321\,Import_t(*) + 0.082 FDI_t(*) + 0.121\,Patent_t(*) + 0.407\,Market_t(*)$$

$$TFP_t = c + 0.037 ln\,Ex_t - 0.212\,Z_4 + 0.255\,R\&D_t(**) - 0.044\,Education_t + 0.299\,Import_t(*) + 0.156 FDI_t(*) + 0.103\,Patent_t(*) + 0.425\,Market_t(*)$$

$$TFP_t = c + 0.029 ln\,Ex_t(**) + 0.188\,Z_5(**) + 0.291\,R\&D_t(*) - 0.039\,Education_t(\,) + 0.250\,Import_t(**) + 0.160 FDI_t(**) + 0.078\,Patent_t(*) + 0.449\,Market_t(*)$$

根据以上协整检验结果：中国出口五个地区的贸易附加值占比中，有三个地区出口贸易附加值占比的提升促进了中国全要素生产率的提高，分别为发达经济体、西欧地区与金砖经济体；而另两个地区出口贸易附加值占比却阻碍了中国全要素生产率的提高，分别是发展中经济体与北美地区，但是北美地区的系数没有通过10%的显著性水平。改革开放以来，中国出口贸易为世界提供了大量廉价的商品，而且随着中国技术水平的提升，所供给世界的商品档次越高，而基于需求的视角，中国出口发达经济体的商品内含的技术水平仍然高于中国出口商品的平均技术水平，在发达经济体订单式与图纸化进口中国商品的模式下，中国将从出口贸易中获得"干中学"与逆向研发的机会，从而有利于中国的技术进步。西欧地区作为发达经济体的集中地，其出口贸易对中国技术进步的影响机制类似于发达经济体。但是作为金砖经济体的发展中国家，中国出口该地区的贸易附加值占比提升却有利于其技术进步，这得益于全球价值链生产环节往金砖国家集中的事实，表面上是往金砖经济体出口，实则是将中间商品出口到金砖经济体，参与发达国家跨国公司主导的全球价值链，而新产品的研发与高技术含量中间商品的生产进一步给予中国逆向技术进步的机会。中国出口到发展中国家与北美地区的贸易附加值占比提升却不利于其技术进步，由于发展中国家商品的需求所含技术水平较低，中国出口到发展中国家贸易附加值不但不利于其技术水平提升，反而对其产业结构升级不利，而出口到北美地区贸易附加值占比提升与全要素生产率之间呈现负向的关系，这可能与北美地区需求中国商品种类有关，进一步观察中国出口到北美地区商品类型，以高端小商品以及普通生活必需品为主要类别的出口种类难以刺激中国的技术进步。

在以上协整关系的基础上进一步建立误差修正模型，以体现出口不同地区贸易附加值占比对全要素生产率的短期影响。限于篇幅，省略了被解释变量滞后期与非核心解释变量滞后期，具体 ECM 模型计量分析结果由表 5.53~5.57 表示。

5.53　出口发达经济体贸易附加值占比 ECM 模型计量分析结果

	Coefficient	Std. Error	T-Statistic	Prob.
C	0.007	0.0001	11.166	0.000
$D(Z_1)$	−0.359	0.146	−2.459	0.024
$ECM(-1)$	−0.052	0.022	−2.363	0.027
R^2	0.419			
DW	1.259			
F 值	14.226			

5.54　出口发展中经济体贸易附加值占比 ECM 模型计量分析结果

	Coefficient	Std. Error	T-Statistic	Prob.
C	0.008	0.001	12.509	0.000
$D（Z_2）$	0.287	0.155	1.852	0.128
$ECM（-1）$	-0.048	0.035	-1.371	0.213
R^2	0.402			
DW	1.092			
F 值	11.124			

5.55　出口西欧地区贸易附加值占比 ECM 模型计量分析结果

	Coefficient	Std. Error	T-Statistic	Prob.
C	0.008	0.002	5.752	0.002
$D（Z_3）$	0.560	0.331	1.692	0.149
$ECM（-1）$	-0.147	0.051	-2.882	0.006
R^2	0.535			
DW	1.204			
F 值	8.059			

5.56　出口北美地区贸易附加值占比 ECM 模型计量分析结果

	Coefficient	Std. Error	T-Statistic	Prob.
C	0.018	0.005	3.649	0.007
$D（Z_4）$	-1.059	0.731	-1.449	0.153
$ECM（-1）$	-0.158	0.093	-1.699	0.122
R^2	0.559			
DW	0.872			
F 值	12.477			

5.57　出口金砖经济体贸易附加值占比 ECM 模型计量分析结果

	Coefficient	Std. Error	T-Statistic	Prob.
C	0.015	0.006	2.649	0.008
D（Z_5）	−1.419	0.649	−2.186	0.046
ECM（−1）	−0.177	0.082	−2.159	0.048
R^2	0.488			
DW	0.909			
F 值	12.547			

根据以上 ECM 模型计量分析结果，除了出口发展中国家和地区贸易附加值占比与北美地区贸易附加值占比的误差修正项系数不显著，剩余三个 ECM 模型误差修正项系数均为负数，且都通过了 10% 的显著性水平，说明短期均衡具有向长期均衡收敛的机制。

5.4.6　小结

通过对中国出口贸易对经济增长的多维度研究，中国的经济增长将受益于出口贸易的发展，尤其是代表古典经济增长指标 GDP 的进步，出口贸易通过带动需求进而促进了国内生产能力的提升。基于新经济增长理论技术进步的视角，出口贸易对技术进步的促进作用并不理想，相比对短期需求的刺激，出口贸易对技术进步的作用力微乎其微。结合中国嵌入全球价值链低端生产环节的现状，以及高比例的出口加工贸易，中国的出口难以促进长效经济增长机制——技术进步。Gereffi & Sturgeon（2004）对中国的研究表明，通过承接全球价值链中的生产环节，中国已经成为全球最重要的外包制造平台，中国的出口贸易在很大程度上通过承接全球价值链分工中的劳动密集型生产环节发展起来。Amiti & Freund（2008）的研究也发现，虽然中国出口商品的种类逐渐从附加值低的农产品和纺织服装产品，转变为高技术电子和机械产品，但是，这类商品的出口并没有使中国获益更多，主要是因为中国只承接了高端商品的加工环节，嵌入的生产要素也仅仅是劳动力与土地等低端生产要素。

基于不同产业出口附加值占比对技术进步的影响，中国出口贸易最受益于高技术工业部门的出口，同时中高技术工业部门与服务业部门的出口对技术进步也表现为正向的促进作用，但是农业部门、低技术工业部门与中低技术工业部门对技术进步表现为负向阻碍作用。经历了改革开放 30 多年的发展，中国技术水平逐渐接近发达国家和地区，在部分行业与领域甚至成为国际技术的前沿，因此中国 TFP 水平更受益于技术含量更高的商品出口，而以金融、保险、计算机等领域为代表的中国高端服务业出口异军突起已经成为中国经济增长的重要推动力，外部需求导向的订单化服务业将不断促使中国服务业技术水平的提升，进而对内资企业实现技术溢出与扩散，同时高技术含量的工业部门出口进一步刺激内资企业通过逆向研发追求技术，实现快速的技术进步。

　　另一维度，基于不同出口目的地附加值占比对技术进步的影响，出口到发达经济体、西欧地区与金砖经济体贸易附加值占比的提升促进了中国全要素生产率的提高，而出口到发展中经济体与北美地区贸易附加值占比的提升却阻碍了中国全要素生产率的进步。立足于长期持续发展的视角，中国的出口贸易中只有有效提升技术进步，其对经济增长的促进效应才更加有效。作为新的"世界工厂"，中国已成为国际生产体系的核心，而发达经济体的进口需求将有效促进中国的技术进步，同时中国与金砖经济体在全球价值链的合作也将进一步刺激中国研发水平的提升。但是，北美地区的出口却不能带动中国技术进步，由于美国对全球商品需求主要基于成熟商品，并且美国的生产体系已经转移到发展中经济体，其国内保留的金融、研发部门等高端产业链也难以吸引中国参与其中。

第6章 结论与启示

本书基于 WIOD 数据库 1995—2014 年这 20 年的世界非竞争性投入产出表核算了各经济体总量层面、产业层面以及双边层面出口附加值，将出口附加值作为代表出口贸易的真实收益，研究其对经济增长的影响。其研究样本包括陷入"中等收入陷阱"的经济体、发达经济体、韩国与中国，研究视角不仅基于古典经济增长理论研究出口附加值对 GDP 的影响，更基于新经济增长理论研究出口附加值对技术进步的影响。

6.1 主要研究结论

本书针对四类经济体分别进行了出口对经济增长影响的研究，研究范畴包括出口附加值对代表古典经济增长指标——GDP 的影响；出口附加值对代表新经济增长指标——技术进步的影响；并且进一步细化研究不同产业出口附加值占比与不同出口目的地附加值占比对技术进步的影响。其研究样本包括陷入"中等收入陷阱"的经济体、发达经济体、韩国、中国，具体研究结论如下。

陷入"中等收入陷阱"的经济体的出口贸易附加值的增长有利于 GDP 的增长，处理内生性问题以后，出口贸易附加值的增长对 GDP 的提升作用进一步增强；但该类经济体出口贸易附加值对 TFP 的影响有限，相比出口对短期需求的拉动作用，出口对技术进步并没有多大影响。长期可持续经济增长需要依靠内生的技术进步，这也进一步体现了该类经济体外向型经济发展战略难以成功的原因。进一步细化研究，长期陷入中等收入阶段的经济体，不同产业出口贸易附加值占比对 TFP 的影响具有较大的异质性：最使其技术进步受益的是中高技术工业部门附加值出口，根据适宜技术理论，由于该类经济体技术水平有限，因此中高技术工业部门可以实现逆向研发与技术的溢出与扩散。基于不同出口目的地附加值占比对 TFP 的影响：由于全球价值链生产区域的转移，发展中经济体对中等收入经济体需求的商品主要为中高技术的中间商品，因此出口到发展中国家的附加值最有利于其技术进步；而金砖经济体与中等收入经济体的竞争关系愈加激烈，金砖国家对中等收入经济体需求的商品主要为农产品以及能源与矿产资源，因此不利于其技术进步。

发达经济体出口贸易附加值的增长对于 GDP 与 TFP 都产生了显著的促进作用，但是相比 GDP，出口贸易附加值的增长对 TFP 的促进作用更大。这进一步体现了发达经济体与陷入"中等收入陷阱"的经济体经济增长受惠于出口贸易的区别。进一步对不同产业出口附加值占比对 TFP 的影响进行研究，结果表明：发达经济体处于技术领先国地位，出口商品暗含的技术水平越高，对其技术溢出与扩散的作用越大。基于不同出口目的地附加值占比对 TFP 的影响：金砖国家是发达国家跨国公司的主要投资对象，核心零部件都保留在发达国家生产并出口到金砖国家，基于需求刺激研发投入的视角，发达经济体 TFP 最受益于出口到金砖经济体的贸易附加值；大量的产业内贸易造成的竞争甚至相互倾销，出口到同等发展水平的经济体贸易附加值占比却不利于其 TFP 的提升。

韩国出口对经济增长的影响类似于发达经济体，出口贸易附加值的增长均有利于 GDP 与 TFP 的提升，但是出口贸易对技术进步的促进作用更大。具体到不同产业出口附加值占比对技术进步的影响：农业部门、低技术工业部门、中低技术工业部门出口附加值占比的提升阻碍了 TFP 的进步，但是影响系数逐渐降低；中高技术工业部门出口贸易附加值占比对 TFP 的影响系数开始由负变正，但是系数绝对值较小，而且也不显著；高技术工业部门出口贸易附加值占比对 TFP 的影响系数达到最大值，并且较为显著；唯一区别于发达经济体的是服务业出口附加值占比对 TFP 的影响，韩国的实证结果体现为一种负向的阻碍作用，由于缺少高端服务业的支撑，韩国服务业出口质量并不理想。基于不同出口目的地附加值占比对 TFP 的影响：两个地区出口贸易附加值占比的提升促进了韩国 TFP 的进步，分别为发展中经济体与金砖经济体；而另三个地区出口贸易附加值占比却阻碍了韩国 TFP 的提高，分别是发达经济体、西欧与北美地区。

中国既可以作为金砖经济体的代表，同时又是最大的发展中经济体，其出口贸易对经济增长的影响区别于陷入"中等收入陷阱"的经济体，又不同于发达经济体与韩国。中国的经济增长将受益于出口贸易的发展，尤其是代表短期经济增长的 GDP，出口贸易通过带动需求进而促进了国内生产能力的提升。基于长期经济增长技术进步的视角，出口贸易对技术进步的促进作用并不理想。进一步的研究发现，基于不同产业出口附加值占比对技术进步的影响，中国出口贸易最受益于高技术工业部门的出口，同时中高技术工业部门与服务业部门的出口对技术进步也表现为正向的促进作用，整体上两个部门出口对 TFP 促进作用系数都较小；农业部门、低技术工业部门与中低技术工业部门对技术进步表现为负向阻碍作用。从另一维度上来讲，基于不同出口目的地附加值占比对技术进步的影响，出口到发达经济体、西欧地区与金砖经济体贸易附加值占比的提升促进了中国全要素生产率的提高，而出口到发展中经济体与北美地区贸易附加值占比的提升却阻碍了中国全要素生产率的进步。立足于长期可持续发展的视角，出口贸易只有有效提升中国的技术进步，其对经济增长的促进效应才更加有效。

通过对发达经济体与韩国出口贸易对经济增长影响的研究，长期可持续的经济增长由 TFP 决定，良性的出口需要建立在对技术进步的有效促进。但陷入"中等收入陷阱"的经济体与中国的出口更多地表现为一种短期需求，虽有利于 GDP 增长，但是随着生产要素的稀缺与国内比较优势的缺失，将不可持续。出口贸易附加值创造背后是不同类型生产要素的消耗。发达国家所创造的出口贸易附加值主要为本国高端生产要素，技术、智力资本、金融资本是创造出口贸易附加值的主要生产要素；而发展中国家嵌入的是产品内贸易的低端加工环节，消耗的本国生产要素较为低端，主要为产业劳动力、土地、简单实物资本、能源与矿产资源等简单生产要素。而且，这两种生产要素的核心区别是高端生产要素会具有"干中学"效应，在不断使用的同时也得到了进一步发展；而低端生产要素尤其是不可再生的自然资源与初级商品的出口，其对经济增长的作用在达到低端生产要素边际产出的极限之后，经济继续往上增长将会显得乏力。Schmitz（2004）的研究表明，发展中国家加入以发达国家主导的全球价值链分工之后，大多被发达国家锁定在低附加值的生产环节，形成了俘获与被俘获的关系。产品内贸易使得发展中国家一直扮演着"被分工"的角色（刘斌等，2015）。在全球价值链分工背景下，发达经济体从出口贸易中获益较大，发展中经济体的出口利得并不明朗。

6.2　相关启示

本书基于古典经济增长理论与新经济增长理论对出口与经济增长之间的关系进行了研究，具体得到了以下四个启示。

6.2.1　出口与长期经济增长

发达国家出口部门主要使用本国可再生的高端生产要素，比如智力要素、科技、资本等生产要素，而将使用的不可再生的低端生产要素环节转移到发展中国家，基于经济全球化与全球价值链分工的路径实现对国际生产体系的控制。而高端生产要素挟制的上游研发、品牌营销等环节具有生产阶段的垄断地位，而且其参与国际分工的高端生产要素将通过"干中学"效应进一步实现对高端生产环节的把控。

相比代表短期经济增长指标——GDP，发达经济体出口贸易对本国技术进步的促进作用更有利于其长期可持续经济增长。虽然发达经济体出口贸易附加值并不高，由于出口中低附加值的商品生产已经转移到成本更低的发展中国家，但是发达经济体出口对本国技术进步的促进作用更突出。而长期陷入"中等收入陷阱"的经济体出口贸易对 GDP 的带动作用要大于出口贸易对技术进步的带动作用，但是 GDP 的增长可以通过出口贸易体量的增加而带动，而长期可持续经济增长需要立足于本国的技术进步，这也是发达经济体与长期陷入"中等收入陷阱"的经济体出口对经济增长机理机制的区别。

6.2.2　不同出口产业部门的策略性贸易政策

出口贸易附加值的产业结构可以反映经济体的出口贸易质量，集中于高技术行业的出口贸易附加值占比，其将用较少的资源换取较高的贸易附加值，在节约本国生产要素的同时换取大量的外汇，其中技术所产生的边际产出大大节省了资源的利用份额，有利于经济体长期经济增长。但如果出口贸易附加值集中于低端劳动密集型行业与能源与矿产资源行业，即使出口贸易附加值体量再大，出口贸易仍将不可持续，大量消耗生产要素而换取的出口贸易附加值是一种"涸泽而渔"的外贸发展模式，这种模式的出口贸易长期下去将掏空经济体的要素禀赋，不利于经济的长期可持续发展。

不同技术发展水平的经济体，其技术进步受益于出口产业部门的大小具有异质性，发达经济体往往受益于高技术工业部门附加值的出口，而陷入"中等收入陷阱"的经济体的技术进步却最受益于中高技术工业部门附加值出口。由于自身技术水平的限制，出口部门的技术溢出与技术扩散需要基于东道国的技术吸收能力。陷入"中等收入陷阱"的经济体，其技术吸收能力较为有限，根据适宜技术理论，中高技术工业部门的出口最适宜于中等收入经济体的技术存量，因此可以从政府政策的角度引导出口部门往中高技术产品倾斜。而基于动态技术进步的视角，等该类经济体技术水平进步到一定程度，技术吸收能力可以展开对高技术工业部门进行逆向研发，则其可进一步引导出口部门往高技术产品倾斜。在部门商品附加值出口的引导过程中，仍然要避免进入一种误区，在对所有样本国家的研究中，农业部门所创造附加值的出口均不利于东道国技术进步。但是，部分经济体农业部门较为发达，由于人均土地面积广，而且农业部门集中规模化经营程度高，因此农业部门产出在满足本国市场需求之外仍有较大剩余。这部分农业商品的出口虽然不能促进本国技术进步，但是基于外部市场需求的视角将有利于本国财富的积累，因此对于农业部门出口，政府政策需要极其慎重。而在低技术工业部门与中低技术工业部门所创造的出口附加值对技术进步的影响中，所有样本经济体均表明这两类产业部门所创造出口附加值阻碍了东道国技术进步，由于这两类产业所出口商品主要集中于自然资源以及商品的初级加工与制造行业，在大量消耗本国初级生产要素的同时将固化一国的低端出口模式。但是，由于该类产业部门固定投资已经先期完成，而在东道国廉价生产要素的支撑下仍然可获得部分超额利润，因此微观企业仍然具有出口的积极性。但是，该类产业部门却不利于东道国长期可持续经济增长，如若政府部门积极引导低技术工业部门与中低技术工业部门生产要素向更高技术级别工业部门流动，将有利于发挥出口贸易对技术进步的促进作用，进而促使东道国长期可持续的经济增长。

6.2.3　全球价值链分工的地域转移以及出口目的地的调整

通过对样本经济体不同出口目的地附加值占比对技术进步影响的实证分析，大部分样本经济体均表明出口到发展中国家与金砖经济体的贸易附加值占比提升对其技术进步具有显著的促进作用。随着国际分工的进一步细化以及全球最优生产区位的转移，研发的外包以及跨国公司的全球资源配置导致商品生产开始向成本更低的发展中国家与金砖经济体转移。同时，发展中国家与金砖经济体基础设施的不断完善以及人力资本水平的不断提高，配合以地方政府的政策，成为跨国公司向该地区转移的进一步拉力。生产过程向发展中国家与金砖经济体收敛优化了与之展开贸易合作经济体的出口结构，大量中间商品与高技术含量的机械制造以及高端生产要素出口开始向发展中国家与金砖经济体集中。这改变了发展中国家与金砖经济体过去的国际需求格局，与之合作经济体的出口开始通过需求刺激以及技术溢出与扩散效应促进国内技术进步的提升。因此在产品内贸易阶段，经济体要更加重视与发展中国家与金砖经济体的贸易合作，优化出口贸易的目的地结构，以更好地利用出口贸易促进本国技术进步。

　　由于发达经济体人均生活水平较高，因此发达经济体所需求商品的质量与内含的技术水平较高，但是高技术含量商品由于基于不同技术合成，需要建立在多个跨国公司技术比较优势的基础上，高技术含量商品更多会从全球生产的视角布置最优的生产区位，所以发达经济体所需的最终商品大多由装配成本较低的发展中国家与金砖经济体供给。但是，商品的品牌与附加值却仍然归属于发达国家跨国公司，因此出口到发达经济体的商品并一定能促进出口国的技术进步与经济增长，反而会被围困于跨国公司的全球价值链中，陷入"国际分工陷阱"。除了高技术含量的工业制成品以外，直接出口到发达经济体的农产品、低端制造商品以及服务业出口并不有利于出口国的技术进步，甚至在不断出口大量生产要素以及原材料基础上，进一步恶化国内生产要素的供给，透支国内未来的生产能力，更不利于经济体的长期可持续经济增长。因此，往发达国家输送出口商品，短期可以快速带动 GDP 的增长，而基于新经济增长理论视角，出口发达国家的附加值并不利于经济体的长期可持续增长。

6.2.4　出口对经济增长影响的动态衍化

　　曾铮和张亚斌（2005）证明要素结构、技术能力和分工迂回度是一个国家在工序分工中价值链定位的基本影响因素。发达国家具有先期的领先竞争优势，依托高端生产要素与技术领先国地位居于全球价值链分工的上游，因此发达国家不仅能够获得更多的价值增值，同时对下游国家的生产投资行为施加影响力（Pol Antras，2013）。所以从根本上来说，一国价值链定位与出口商品附加值多寡要根源于高端生产要素的数量与质量。动态上，只有伴随着国内生产要素质量的不断提升与高端生产要素的不断培养，经济体在全球价值链地位才能不断上升，融入世界生产体系的出口贸易才能更好地促进经济体的长期、可持续发展。

　　落后经济体实施以出口贸易为主体的外向型经济发展战略，由于缺少高端生产要素的支撑，只能以低端劳动力、土地等生产要素嵌入国际生产体系的加工环节，但所获得的边际产出仍然高于生产要素围困于农业部门的边际产出，从而在调整生产要素配置的背景下获得总产出的增长。发展初期的落后经济体普遍表现出较高的出口加工贸易比重，环境污染需要让位于发展，牺牲环境的边际效用换取商品生产的边际效用。但是随着经济的继续增长，高端生产要素开始逐渐接力劳动力、土地等低端生产要素，并使国内生产逐渐嵌入国际生产体系的高端环节，以此代替劳动力、土地等低端生产要素继续创造价值，进一步获得总产出的增长，宏观视角下体现为出口贸易结构的升级。典型经济体是20世纪60年代的日本，20世纪80年代的韩国、中国台湾。随着经济体的进一步赶超，人均GDP的增长进一步提升了环境与健康的边际效用，环境污染不再让位于发展，生产成本的上升开始倒逼高端生产要素接力低端生产要素，进一步向全球价值链的高端进发，出口贸易持续促进经济增长。黎峰（2014）从行业层面分析了要素禀赋结构升级对贸易利益的影响，随着垂直专业化率的提升，要素禀赋结构升级对贸易收益的影响逐步增强。而部分经济体嵌入国际生产体系仍然通过低端制造环节，出口贸易只能通过规模效应降低单位成本与透支更多低端生产要素，实现经济总量的扩张。但是，这种出口模式不具有可持续性，随着低端生产要素的继续使用，低端生产要素将逐渐稀缺化并推升价格不断上涨，出口贸易的微观竞争力将逐渐消失，进而出口贸易对经济增长的边际促进效应越来越低。国际经验中，陷入"中等收入陷阱"的经济体的拉丁美洲、东南亚国家即为这种情况。

附　录

核算出口贸易附加值所用 Python 计算机程序语言：

```
# _  _ coding：utf-8 _  _
#_ _ time_ _ =" 161226"
import xlrd
import numpy as np
import xlwt
def change_ matrix （x）：
    change_ array=np. array （x， dtype=float）
    returnline=np. mat （change_ array， dtype=float）
    return returnline
    for i in range （42）：
        for j in range （42）：
            sheetwt1. write （i， j， sheetrd. cell_ value （i， j） ）
l= ［ ］
for i in range （42）：
    for j in range （42）：
        a=sheetrd. cell_ value （i， j）
        if a>=0：
            l. append （a）
        else：
            l. append （-a）
l. sort （ ）
num=len （l） #1764
print num
listmiddle=num/2#882
print listmiddle
```

```
        middle = (l [listmiddle] +l [listmiddle-1] ) /2
        listquart = int (listmiddle/2) #441
        quart = (l [listquart] +l [listquart-1] ) /2
        listthirdquart = listmiddle+listquart#1323
        print listthirdquart
        thirdquart = (l [listthirdquart] +l [listthirdquart-1] ) /2
        sheetwt. write (0, 0, u)
        sheetwt. write (0, 1, u)
        sheetwt. write (0, 2, u)
        sheetwt. write (1, 0, middle)
        sheetwt. write (1, 1, quart)
        sheetwt. write (1, 2, thirdquart)
def data_ deal (year, rdwb, zhuanyiwb):
        sheetstar = (year-2000) *3
        sheetend = (year+1-2000) *3
        wbwt = xlwt. Workbook ()
        for sheet in range (sheetstar, sheetend):
            pnum = range (sheetstar, sheetend). index (sheet)
            zhuanyisheetname = str (year) +u" -" +p [pnum]
            zhuanyisheet = zhuanyiwb. add_ sheet (zhuanyisheetname)
            sheetrd = rdwb. sheets () [sheet]
            zhuanyilist = []
            for hang in range (42):
                zhuanyilist. append (sheetrd. row_ values (hang) )
            zhuanyimatrax = numpy. zeros ( (42, 42), dtype =float)
            for hang in range (42):
                for lie in range (42):
                    if zhuanyilist [hang] [lie] >0:
                        zhuanyimatrax [hang, lie] =zhuanyilist [hang] [lie] #
            for hang in range (42):
                for lie in range (42):
                    zhuanyisheet. write (hang, lie, zhuanyimatrax [hang, lie] ) #
            h = []
            for country in range (42):
```

```
chuchaojihe = [ ]
chuchaolist = [ ]
for chuchao in zhuanyimatrax [ :, country ] :
    chuchaolist. append ( chuchao )
for i in range ( 42 ) :
    if chuchaolist [ i ] = = 1 :
        chuchaojihe. append ( i ) #
for chuchao in chuchaojihe :
    l = [ ] #
    l. append ( country )
    twicestepset = [ ]
    num5 = [ ]
    num6 = [ ]
    num7 = [ ]
    sum5 = 0
    sum6 = 0
    sum7 = 0
    l. append ( chuchao )
    l0 = [ ]
    for i in zhuanyimatrax [ :, chuchao ] :
        l0. append ( i )
    for i in range ( 42 ) :
        if l0 [ i ] = = 1 :
            twicestepset. append ( i ) #
    if len ( twicestepset ) >0 :
        iftwicestep = 1
        for i in twicestepset :
            if zhuanyimatrax [ i ] [ country ] = = 0 and
zhuanyimatrax [ country ] [ i ] = = 0 :
                num5. append ( i )
                sum5 = sum5 + 1
            else :
                if zhuanyimatrax [ i ] [ country ] = = 1 : #
                    num7. append ( i )
```

$$sum7 = sum7 + 1$$

else：

if zhuanyimatrax［i］［country］ == 0

and zhuanyimatrax［country］［i］ == 1： #

num6. append（i）

$$sum6 = sum6 + 1$$

if sum6>0：

ifwending = 0

else：

ifwending = 1

else：

iftwicestep = 0#

ifwending = 1

num5. append（"w"）

num6. append（"w"）

num7. append（"w"）

sum5 = 0

sum6 = 0

sum7 = 0

l. append（chuchaojihe）

l. append（iftwicestep）

l. append（twicestepset）

l. append（ifwending）

l. append（num5）

l. append（num6）

l. append（num7）

l. append（sum5）

l. append（sum6）

l. append（sum7）

h. append（l）

sheet = wbwt. add_ sheet（zhuanyisheetname）

hang = len（h）

for i in range（3）： #

jixu = 0

```
        sheetwt = wbwt. add_ sheet（namelist［i］, cell_ overwrite_ ok =
True）
            for year in range（2000, 2015）:
                m = range（2000, 2015）
                hyear = m. index（year）
                inadress
                wb = xlrd. open_ workbook（inadress）
                sheet = wb. sheets（）［i］
                if jixu == 0:
                    for country in range（3）:
                        l = sheet. col_ values（country）［1:］
                        for j in l:
                            orderj = l. index（j）
                            sheetwt. write（orderj+1, country, j）
                    jixu = 1
                sheetwt. write（0, hyear+3, year）
                _ _ author_ _ == " guangtong  wang "
                l = sheet. col_ values（9）［1:］
                for h in l:
                    n = l. index（h）
                    print len（h）
                    sheetwt. write（n+1, hyear+3, h）
        for i in range（hang）:
            for j in range（12）:
                sheet. write（i, j, str（h［i］［j］））
        path_ X = u" E: /00 - 14 贸易附加值处理/中间数据收纳/" + str
（year）+" Xzong. xls"
        path_ V = u" E: /00 - 14 贸易附加值处理/中间数据收纳/" + str
（year）+" Vzong. xls"
        path_ F = u" E: /00 - 14 贸易附加值处理/中间数据收纳/" + str
（year）+" Fzong. xls"
        path_ Z = u" E: /00 - 14 贸易附加值处理/中间数据收纳/" + str
（year）+" Zzong. xls"
        path_ A = u" E: /00 - 14 贸易附加值处理/中间数据收纳/" + str
```

```
（year）+" Azong. xls"
        path_ L = u" E：/00 - 14 贸易附加值处理/中间数据收纳/" + str
（year）+" Lzong. xls"
        path_ f = u" E：/00 - 14 贸易附加值处理/中间数据收纳/" + str
（year）+" ffenguojiazong. xls"
        wb_ X. save（path_ X）
        wb_ V. save（path_ V）
        wb_ F. save（path_ F）
        wb_ f. save（path_ f）
        wb_ Z. save（path_ Z）
        wb_ A. save（path_ A）
        wb_ L. save（path_ L）
        path_ EX = u" E：/00 - 14 贸易附加值处理/最终结果/" + str（year）
+" EXzong" +" . xls"
        wb_ EX. save（path_ EX）
    for year in range（2000，2015）：
        data_ deal（year）
```

参考文献

[1] 蔡昉. "中等收入陷阱"的理论、经验与针对性 [J]. 经济学动态, 2012
    (12): 4-9.

[2] 陈松, 刘海云. 人口红利、城镇化与我国出口贸易的发展 [J]. 国际贸易
    问题, 2013 (6): 57-66.

[3] 戴翔. 我们需要为所谓"净出口负贡献"而担忧吗? [J]. 国际经贸探索,
    2012 (11): 106-115.

[4] 戴觅, 余淼杰, Maitra M. 中国出口企业生产率之谜: 加工贸易的作用
    [J]. 经济学季刊, 2014 (2): 675-698.

[5] 杜运苏. 出口技术复杂度影响我国经济增长的实证研究——基于不同贸易
    方式和企业性质 [J]. 国际贸易问题, 2014 (9): 3-12.

[6] 樊纲, 王小鲁, 张立文, 等. 中国各地区市场化相对进程报告 [J]. 经济
    研究, 2003 (3): 9-18.

[7] 傅朝阳, 陈煜. 中国出口商品比较优势: 1980—2000 [J]. 经济学季刊,
    2006, 5 (2): 579-590.

[8] 国胜铁, 钟廷勇. 制度约束、FDI 技术溢出渠道与国内企业技术进步——
    基于中国工业企业数据的考察 [J]. 经济学家, 2014 (6): 34-42.

[9] 何兴强, 欧燕, 史卫, 等. FDI 技术溢出与中国吸收能力门槛研究 [J].
    世界经济, 2014 (10): 52-76.

[10] 黄玖立, 李坤望. 出口开放、地区市场规模和经济增长 [J]. 经济研究,
    2006 (6): 27-38.

[11] 华生, 汲铮. 中等收入陷阱还是中等收入阶段 [J]. 经济学动态, 2015
    (7): 4-13.

[12] 江小涓. 我国出口商品结构的决定因素和变化趋势 [J]. 经济研究,
    2007 (5): 4-16.

[13] 贾中华, 梁柱. 贸易开放与经济增长——基于不同模型设定和工具变量
    策略的考察 [J]. 国际贸易问题, 2014 (4): 14-22.

[14] 刘维林，李兰冰，刘玉海.全球价值链嵌入对中国出口技术复杂度的影响 [J].中国工业经济，2014 (6)：83-95.

[15] 李昕，徐滇庆.中国外贸依存度和失衡度的重新估算——全球生产链中的增加值贸易 [J].中国社会科学，2013 (1)：29-55.

[16] 李昭华，傅伟.中国进出口贸易内涵自然资本的生态足迹分析 [J].中国工业经济，2013 (9)：5-18.

[17] 李平.国际技术扩散的路径和方式 [J].世界经济，2006 (9)：85-93.

[18] 李平.论国际贸易与技术创新的关系 [J].世界经济研究，2002 (5)：8-9.

[19] 李平，刘利利，李蕾蕾.政府研发资助是否促进了技术进步——来自66个国家和地区的证据 [J].科学研究，2016 (11)：1625-1636.

[20] 马述忠，王笑笑，张洪胜.出口贸易转型升级能否缓解人口红利下降的压力 [J].世界经济，2016 (7)：121-143.

[21] 钱雪亚.人力资本水平统计估算 [J].统计研究，2012 (8)：74-82.

[22] 任力，黄崇杰.国内外环境规制对中国出口贸易的影响 [J].世界经济，2015 (5)：59-80.

[23] 孙小羽，臧新.中国出口贸易的能耗效应和环境效应的实证分析——基于混合单位投入产出模型 [J].数量经济技术经济研究，2009 (4)：33-44.

[24] 邵敏.出口贸易是否促进了我国劳动生产率的持续增长——基于工业企业微观数据的实证研究 [J].数量经济技术经济研究，2012 (2)：51-67.

[25] 盛斌，吕越.对中国出口二元边际的再测算：基于2001—2010年中国微观贸易数据 [J].国际贸易问题，2014 (11)：25-36.

[26] 苏振东，周玮庆.出口贸易结构变迁对中国经济增长的非对称影响效应研究——基于产品技术附加值分布的贸易结构分析法和动态面板数据模型的经验研究 [J].世界经济研究，2009 (5)：42-47.

[27] 唐东波.贸易开放、垂直专业化分工与产业升级 [J].世界经济，2013 (4)：47-68.

[28] 唐宜红，姚曦.本地市场效应与中国出口贸易结构转变——基于模型结构突变的实证检验 [J].世界经济研究，2015 (7)：53-62.

[29] 魏国学，陶然，陆曦.资源诅咒与中国元素：源自135个发展中国家的证据 [J].世界经济，2010 (12)：48-66.

[30] 王红领，李稻葵，冯俊新.FDI与自主研发：基于行业数据的经验研究

[J]. 经济研究, 2006 (2): 44-56.

[31] 王德劲, 向蓉美. 我国人力资本存量估算 [J]. 统计与决策, 2006 (5): 100-102.

[32] 王永进, 刘灿雷, 施炳展. 出口下游化程度、竞争力与经济增长 [J]. 世界经济, 2015 (10): 125-147.

[33] 王永齐. 对外贸易结构与中国经济增长: 基于因果关系的检验 [J]. 世界经济, 2004 (11): 31-39.

[34] 魏浩, 王聪. 附加值统计口径下中国制造业出口变化的测算 [J]. 数量经济技术经济研究, 2015 (6): 105-119.

[35] 许和连, 栾永玉. 出口贸易的技术外溢效应: 基于三部门模型的实证研究 [J]. 数量经济技术经济研究, 2005 (9): 103-111.

[36] 姚洋, 张晔. 中国产品国内技术含量升级研究——来自全国及江苏省、广东省的证据 [J]. 中国社会科学, 2008 (2): 67-82.

[37] 阎大颖. 市场化的创新测度方法——兼对 2000—2005 年中国市场化区域发展特征探析 [J]. 财经研究, 2007 (8): 41-50.

[38] 杨汝岱, 姚洋. 有限赶超与经济增长 [J]. 经济研究, 2008 (8): 29-41.

[39] 曾铮, 张路路. 全球生产网络体系下中美贸易利益分配的界定——基于中国制造业贸易附加值的研究 [J]. 世界经济研究, 2008 (1): 36-43.

[40] 张帆. 中国的物质资本和人力资本估算 [J]. 经济研究, 2000 (8): 65-71.

[41] 张德荣. "中等收入陷阱" 发生机理与中国经济增长的阶段性动力 [J]. 经济研究, 2013 (9): 15.

[42] 张杰, 陈志远, 刘元春. 中国出口国内附加值的测算与变化机制 [J]. 经济研究, 2013 (10): 124-137.

[43] 张军, 吴桂英, 张吉鹏. 中国省级物质资本存量估算 [J]. 经济研究, 2004 (10): 35-43.

[44] 周国富, 孙艳霞. 市场化程度评价指标体系构建与综合比较方法的运用——我国各省区市场化程度比较 [J]. 现代财经, 2005 (12): 55-58.